Peter Eckert

**Engel
mid unn ohne
B**

Ein ökumenisches Schmunzelbrevier
in saarländischer Mundart

Peter Eckert

Engel
mid unn ohne
B

Ein ökumenisches Schmunzelbrevier
in saarländischer Mundart

Mit freundlicher Unterstützung von Union Stiftung, Saarbrücken,
Saarland-Sporttoto GmbH, Landkreis Saarlouis, Kreissparkasse Saarlouis

Die Deutsche Nationalbibliothek verzeichnet diese Publikation in der Deutschen Nationalbibliografie. Detaillierte bibliografische Angaben sind abrufbar im Internet über http://www.dnb.de

ISBN 978-3-942767-06-4

Das Buch und die beigegebene Audio-CD sind einschließlich all ihrer Teile urheberrechtlich geschützt! Alle Urheber- und Leistungsschutzrechte vorbehalten!

Übersetzungen, Vervielfältigungen, Nachdruck, Speicherung, Verarbeitung in elektronischen Systemen, öffentliche Wiedergabe, Aufführung, Sendung sind nur mit vorheriger schriftlicher Genehmigung des Verlages zulässig.

Details zum Kelkel-Verlag sind im Internet abrufbar: http://www.kelkel-verlag.de

Bildnachweis: © Pétrouche - fotolia.com, © Déllénger Himmel - Kelkel-Verlag
Druck: Druckhaus Nomos, Sinzheim
© 2012 Kelkel-Verlag, 66763 Dillingen/Saar

Forr mei Moni

unn all Mensche, die nidd nur iwwer annere Leid lache kinne

Inhaltsverzeichnis

10 **Lachen als Brückenschlag**
Superintendent Gerhard Koepke

12 **Peter Eckerts medizinische Süße**
Pfarrer Ulrich Alexander Schäfer

13 **Lachen wird man doch dürfen, oder?**
Vorbemerkungen des Autors

15 Engel mid unn ohne B - Engel mit und ohne B

Rund um die Predischd
Rund um die Predigt

18 Kirschekadz - Kirchenkatze

20 Gedäschnisstidz - Gedächtnisstütze

22 Sindeangschd - Sündenangst

24 Die greeschd Gab - Die größte Gabe

26 Spaasam - Sparsam

27 Midreisend gepredischd - Mitreißend gepredigt

28 Váwechseld - Verwechselt

30 Gudd gemännd - Gut gemeint

Unn die Bibel had doch Reschd
Und die Bibel hat doch Recht

34 Pharisäer unn Zällner - Pharisäer und Zöllner

36 Die Speisung vun de Finfdausend - Die Speisung der Fünftausend

37 Vun Schweis unn Brod - Von Schweiß und Brot

38 Die Jakobslääder - Die Jakobsleiter

Sindische, beischde, biise, ... sindische
Sündigen, beichten, büßen, ... sündigen

40 De eerschde Schridd - Der erste Schritt
41 Gewissenserforschung - Gewissenserforschung
42 Die Lidanei vum neie Wein - Die Litanei vom neuen Wein
44 Die Sinderin - Die Sünderin
45 Kurz unn knabb - Kurz und knapp
46 Beischdgeheimnis - Beichtgeheimnis
47 Rein ideell - Rein ideell
48 Lass das - Lass das
49 Känn Uffschneider - Kein Aufschneider
50 Gesaad, gemännd - Gesagt, gemeint

Gläubisch, ungläubisch, andersgläubisch
Gläubig, ungläubig, andersgläubig

52 Fusjon - Fusion
53 Sankd Nimmerlein - Sankt Nimmerlein
54 Gans nòò owwe - Ganz nach oben
56 Äänfach zu scheen - Einfach zu schön
58 Wie er das will - Wie er das will
59 Jenseids-Probleme - Jenseits-Probleme
60 Berufsperspegdive - Berufsperspektiven
61 Es selwe - Dasselbe

Es Boddempersonal
Das Bodenpersonal

64 E Unnerschied - Ein Unterschied
65 Klingelbeidelschneidergeschischd - Klingelbeutelschneidergeschichte
66 Ehrlisch fromm - Ehrlich fromm
68 E Parrerin, das is es - Eine Pfarrerin, das ist es
70 Eschdi Aldernadive - Echte Alternative
71 Berufsberòòder - Berufsberater
72 Frommi Karriär - Fromme Karriere
74 Stellvátreder - Stellvertreter
75 Gudde Chrisde - Gute Christen
76 Klääderordnung - Kleiderordnung
77 Denkspord - Denksport
78 Prioritäde - Prioritäten
79 Gudder Ròòd - Guter Rat
80 Rischdisch rum - Richtig herum
81 Dord nidd - Dort nicht

Die liewe Klääne
Die lieben Kleinen

84 Singnalwirgung - Signalwirkung
85 Zigaredde - Zigaretten
86 Vápedzd - Verpetzt
87 Paradiesabbel - Paradiesapfel

88 Naachdgebeed - Nachtgebet
89 Gudd informierd - Gut informiert

Irjendwie fromm uff ihr Aad
Irgendwie fromm auf ihre Art

92 Es reschde Word - Das rechte Wort
93 Em Eva sei Äbbel - Evas Äpfel
94 Vádammd - Verdammt
95 Dei Nägschder - Dein Nächster
96 Askeedeschmerze - Asketenschmerzen
98 E gudder Dienschd - Ein guter Dienst
100 Birjermeischder unn Parrer - Bürgermeister und Pfarrer
102 Laschder unn Tuuchend - Laster und Tugend
103 E schwazzes Schòòf - Ein schwarzes Schaaf

Zugab
Zugabe

106 Gradselääds! Humor heißt, dass man lächelnd trotzt
Predigt innerhalb der Predigtreihe Humor
in der Johanneskirche Saarbrücken – Citykirche –

Aanhang
Anhang

124 Glossar kirchlicher Begriffe
139 Glossar Mundartbegriffe

Superintendent Gerhard Koepke
Lachen als Brückenschlag

Peter Eckert ist einer, der sich aufgemacht hat. Leibhaftig gekommen ist er u.a. zu uns ins nördliche Saarland nach St. Wendel, dort in die Evangelische Stadtkirche, und hat uns teilnehmen lassen an seinen Mundartgottesdiensten. Gottes Wort, Lieder und Liturgie alles auf Saarländisch; also in der Sprache, in die wir hineingeboren wurden.
Und am Radio können wir ihn hören; im Fernsehen schließlich sehen:.

Achtzehn Jahre in kirchlichen Verkündigungssendungen, dreihundert Mal in Radio oder Fernsehen auf Sendung. Und das nicht etwa als Pfarrer, sondern als einer, der mit einem kaufmännischen Beruf sein Brot verdient und für die Kirche in ganz verschiedenen Funktionen nur ehrenamtlich mitarbeitet.
Der Schluss liegt nahe: So einer hat etwas zu sagen, deswegen hört man ihm gern zu, auch wenn es ernst wird. Peter Eckert hat seinen eigenen Blickwinkel, aus dem er das Geschehen zwischen Gott und der Welt betrachtet und kommentiert, kritisch - auch sich selbst gegenüber. Zuweilen mit Ironie gewürzt, aber doch nicht ohne Verständnis, wenn aus eigentlich guten Absichten wieder mal nichts Rechtes wird.

Seit 15 Jahren gestaltet er als Prädikant, also ehrenamtlicher Prediger, Mundartgottesdienste, die auch oder gerade deshalb von Gemeinden unserer Region oder auch beim Evangelischen Kirchentag gern angenommen werden, weil er sich nicht künstlich als Spaßmacher gebärdet.
Mit großem Engagement hat er eine liturgische Sprache entwickelt, die sowohl den Ansprüchen an einen Gottesdienst als auch den Belangen der Mundart gerecht wird. Mittlerweile ist eine respektable Sammlung an Predigten, Liedern, Gebeten und anderen liturgischen Texten entstanden, die es durchaus verdient hat, in Buchform veröffentlicht zu werden, nicht zuletzt

auch als Handreichung für Interessierte, die es selbst mal versuchen wollen.

So ein „ernstes" Bild von Peter Eckert ist aber unvollständig, weil es seinen Humor außer Acht lässt. Den hat er nämlich auch, reichlich sogar. Nicht nur den „trotzdem lachenden" Humor oder den, der nur die Komik sieht, sondern den verstehenden, verzeihenden Humor, der auf dem Weg zur wahren Nächstenliebe die Brücke schlägt zwischen Gottes Entwurf und uns, seinem mäßig ähnlichen Bildnis mit freiem Willen.

Der hohe Anspruch des Glaubens einerseits und die menschliche Unvollkommenheit andererseits reizen so sehr zur Übertreibung oder aber zur schlitzohrig auf Umgehung angelegten Interpretation, dass sich Komik fast von selbst einstellt. Und so tummeln sie sich in diesem Bändchen die Bengel und die Engel, wobei es sich nicht selten um dieselben Personen handelt.

Gewiss - strebend sich zu bemühen ist ein weiter Weg zu einem hohen Ziel. Aber unterwegs mal lachen, vor allem auch über sich selbst, und dabei etwas für den langen Atem tun, das muss auch erlaubt sein.

Gerhard Koepke

Pfarrer der Evangelischen Kirchengemeinde St. Wendel
und Superintendent des Evangelischen Kirchenkreises Saar-Ost

Pfarrer Ulrich Alexander Schäfer
Peter Eckerts medizinische Süße

Feines Essen ist mir eine Freude, das Gute für die Gastgeber: Mir schmeckt fast alles, ob sauer, scharf, salzig, sogar bitter - vom Süßen muss es aber nur ein wenig sein, und bitte nie Kunstzucker: unerträglich, verbrennt den Mund. Aber man staune: die richtige Süße zu den Speisen hebt und verbessert den Geschmack und die Aufmerksamkeit: Fenner Harz in Rindfleischsoße gibt Tiefe, ein Hauch Zucker in Scharfes weckt Lebensgeister, Honig über gebackenem Chicorée verzaubert die Bitternis und Rohrzucker lässt Zitronensaft perlen.

Peter und ich haben von unserem großen Freund aus Nazareth die Rede in Gleichnissen gelernt. Also: Peter kennt das Leben, seine Höhen und Tiefen, seine Traurigkeiten und Verluste, persönlich und als Seelsorger. Und er hat ein probates Mittel: guten, wohltuenden und befreienden Humor, keine dumpfen, platten Scherze, Ironie, Spott, Zynismus auf Kosten anderer. Seine Rede ist immer echt und nie künstlich. Er will als Menschenfreund den Leser aufrichten, stärken und ermutigen, seine Lebensumstände neu und von anderer Seite zu betrachten. Tief Luft holen. Auszeit. Pause. Seine Rede ist geradezu medizinisch.

Es tut wohl, die menschliche Schwäche und die Schwächen der Menschen, die Bitternisse von Angst und Verlust, die Schärfe von Ausgrenzung, das Saure, das uns wegen eigener Minderwertigkeit aufstößt und das Salz in den Wunden unserer Kleinkariertheit mit Peters wohlmeinender, menschenliebender, froher Stimmung, mit der er das Leben beschreibt, humor-medizinisch zu versorgen.

Pfarrer Ulrich Alexander Schäfer

katholischer Klinikseelsorger
an den Hochwald-Kliniken Weiskirchen

Peter Eckert
Lachen wird man doch dürfen, oder?

Lachen? Ja, mit diesem Buch sollten Sie es sogar. Und wenn dies schief ginge, das wäre ja wohl zum Lachen. Forscher erklären uns, das Lachen beruhe auf dem Abstand zwischen dem, was wir als „normal" erwarten, und dem, was die Wirklichkeit daraus macht. Erhebt etwas wie Religion, Glaube, Kirche einen hohen Anspruch, wächst dieser Abstand sprunghaft. Vieles kann also schief gehen, und das kann komisch werden. Davon erzählt dieses Buch. Finden wir uns damit ab: Oft wird der Mensch, der so gern gut sein möchte, nicht das brave Engelchen, sondern - sei es durch widrige Umstände oder schlicht die menschliche Natur - unversehens das Engelchen mit B, das Bengelchen.

Je nachdem, was geschieht, muss man darüber ernst sprechen. Das tue ich auch meistens in meinen bislang rund 300 Sendungen für die Evangelische Kirche im SR-Radio und Fernsehen oder RPR-Radio. Das gilt ebenso für die Gottesdienste, die ich ehrenamtlich als Prädikant halte, sie sind nicht als Spaßveranstaltung angelegt, keine Ausnahme bilden selbstverständlich die Mundartgottesdienste, mit denen ich mittlerweile im 15. Jahr stehe.

Dieses Buch ist, wenn Sie so wollen, ökumenisch angelegt. Ich selbst bin zwar pfälzisch-protestantisch getauft und rheinisch-evangelisch aufgewachsen, aber wenn Vater, Ehefrau, Sohn und ein beträchtlicher Teil der Verwandtschaft katholisch sind, kann es nicht ausbleiben, dass man auch in diesem Spektrum reichlich Erfahrungen sammeln kann.
Ich muss allerdings einräumen, dass manche der hier erzählten Geschichten, zumindest in Details, sich in einer vergangenen Zeit abgespielt haben und genauso heute wohl eher selten vorkämen. Der Beichtstuhl ist aus vielen Kirchen verschwunden.

An die Stelle der überschaubaren Gemeinde mit dem Ortsgeistlichen, der seine Schäflein kannte und wusste, wie sie zu behandeln waren, sind Mammutgemeinden getreten, fusionierte Gemeinden, Seelsorgeeinheiten und Pfarrgemeinschaften mit drastisch reduzierten Pfarrstellen. Die resolute Pfarrkochin, die sich einen Pfarrer hielt, um mit ihm die Gemeinde zu regieren, dürfte schwerlich noch zu finden sein. Und welches Kind macht sich heute noch die Mühe, im Pfarrgarten Obst zu klauen?

Mein Buch lädt ein zum Lachen, Lächeln, Schmunzeln. Zugleich wirbt es darum, kleine Unzulänglichkeiten - eigene und die anderer Menschen - mit einem verzeihenden Lächeln zu ertragen und die dadurch frei werdenden Kräfte zur Abstellung der wirklichen Missstände zu verwenden.
Also: Lachen Sie! Man darf.

Peter Eckert

Wadgassen-Differten, im September 2012

Engel mid unn ohne B
Engel mit und ohne B

Má saad, de Mensch wär Goddes Ebenbild.
Das kam'má glawe, kann's ach bleiwe lasse.
Má kann die Mensche gäär hann odder hasse.
Nur: Engel sinn, der Wunsch bleibd unerfilld.

Ach der Behaubdung solld má niemòòls traue,
dass Mensche Deiwel wäre, bees unn wild.
Unn wer se all midnanner so váschilld,
der liebd's wohl, mid dá Sauboll rinsehaue.

Mir sinn das ään so wenisch wie das anner.
Vun beidem steggd was in uns, dud's ach weh.
Isch merg's, seiddemm isch dursch mei Läwe wanner.

Mòòl ziehd's uns nunner, mòòl ach in die Heh.
Nidd alles, was de Mensch gäär meeschd, das kann á.
Mir bleiwe Engel mid unn ohne «B».

Rund um die Predischd

Rund um die Predigt

Kirschekadz
Kirchenkatze

De Parrer lossd sei Stimm erschalle.
Brav duun die Leid im Bänksche hugge,
mòòl unner sisch, mòòl nuffzuss gugge.
Er will sei scheenschdi Predischd halle,
schwädzd ball die Seel sisch aus dá Lung.
Trodzdemm sinn paa vun seine Schòòfe
grad draan, e bisje inseschlòòfe.
Dòo helfd'em ach känn Engelszung.

Uff äämòò kummd uff leise Pode
erinn em Parrer sei ald Kadz,
laafd vòòre hin unn nemmd dord Pladz.
E Kadz, die kimmerd känn Vábode,
huggd ännfach dòò, guggd maisjestill
enuff zum Parrer unváwand
unn spidzd die Ohre gans gespannd,
weil se die Predischd heere will.

Die Leid, die gugge sisch eerschd aan,
dann stubbsd má sisch, dud grinse, lache,
die ledschde Schlòòfkäbb duun erwache.
Was werd wohl jedz de Parrer saan?
«Ihr Leid, das solld uns ebbes lehre,»
de Parrer saad's unn lachd váschmidzd,
«dass in dá Kirsch die Kadz dòò sidzd
forr sisch die Predischd aanseheere!

Ääns sidd má klaa an so'me Fall:
Geh ännfach nur mid Goddvátraue
wach dursch die Weld mid uffne Aue,
Die Wòhrhääd finnsch'de iwwerall.
Heid steggd se in'me klääne Sadz;
isch kenne ne unn ihr doch aa,
sogaa mei Kädzje had's erfah:
Die Predischd hall isch forr die Kadz.»

Gedäschnisstidz
Gedächtnisstütze

's is Sunndaa, die Predischd is widder mòò draan.
De Parrer will heid widder einisches saan,
was ihm nidd gefalld unn was ihm nidd kann passe
unn was er liewer meeschd, dass die Leid das jedz lasse.

Unnermauerd's mid Stelle vum Ald Teschdamend,
gans berihmde Geschischde, wie jeder se kennd:
so wie Adam unn Eva midsamd Kain unn Abel,
dá Sindfluud, em Noah unn em Turmbau zu Babel.

So reihd á aan'nanner die Ebisode
bis zum Moses, dann kumme die Zehn Gebode.
Unn weil á gäär wisd, ob das Wirgung zeid,
guggd á zwischedursch runner unn betrachd sisch sei Leid.

Unn wirglisch, dòò kann á uff äämòò enddegge:
Dòò unne, dòò dud änner zimmlisch váschregge,
rudschd rum uff seim Pladz mid me unruische Bligg
unn lehnd sisch uff äämòò endspann ruisch serigg.

E Predischd, wo wirgd! Sowas had má nidd ofd.
Wie's dòòzu kunnd kumme, so gans unváhoffd,
das meeschd á gäär wisse, das krääd á gäär raus.
Gepredischd werd immer, villeischd lernd má draus.

So fròòd á sei Schäfsche, der muss sich besinne,
kann dann awwer doch de Sesammehang finne:
«Sie hann in dá Predischd die Sindfluud erwähnd,
dòò had's wuchelang doch geräänd unn geräänd.

Das hann isch má bildlisch dann gleisch vòrgestelld,
wie's pladderd unn pladschd, unn gans nass is die Weld.
Dòò had misch gans jäh der Gedangge váschreggd,
dass isch nim'meh wääs, wo mei Räänschirm jedz steggd.

Dòò war isch so unruisch unn hann iwwerleed
unn bin nidd druff kumm, wo der Räänschirm wohl stehd.
Beim Ehebruch, sechsdes Gebod, waa's má klaa.
Dòò hann isch dann widder gewusd, wo á waa.»

Sindeangschd
Sündenangst

Seid Jòhre predischd de Paschdor.
Das gehd erinn zum ääne Ohr,
de Hohlraum dud's durschwannere
unn kummd raus aus em annere.

Ään Gligg, die Kirsch had Ordensmänner
als Mensche-, also Sindekenner,
dòò heere, weil das Fremde sinn,
die Leid bestimmd genauer hin.

Unn auserdemm finnd so e Orde,
dursch Iiwung rischdisch staage Worde
unn dud de Strolsche unn de Beese
mòò rischdisch die Lewidde lese.

Ach hinner'm Mond hann se's geheerd,
dass má die Sinder so bekehrd.
Drum hann se in das Därfsche dòò
e Kabuziner ingeflòò.

Buuspredischd stehd heid uff em Plan.
De Pader strengd sisch mäschdisch aan.
E Strigg als Girdel um sei Kudd,
dass es sesammehalle dud.

Das muss ach dringend needisch sinn.
Er hängd sisch nämlisch mäschdisch rinn
unn schilld unn drohd, doobd unn vádammd,
weil: Das válangd vun ihm sei Amd.

Die Leid, die wo dòò unne hugge,
die duun sisch unwillkiirlisch dugge.
Nochmòòl machd er die Bagge digg,
sisch selwer aach. Badsch, reisd de Strigg.

Dòò heerd má unne änner saan
zu seinem Nachbaa näwedraan:
«Jedz hann isch awwer wirglisch Schiss.
Schnell furd, er had sisch losgeriss!»

Die greeschd Gab
Die größte Gabe

Es waa im'me Dom in rá Bischofsstadd,
wo mansch grooser Herr schunn gepredischd had.
Die Bischeef, mansch wischdischer Theolooch,
gans aanspruchsvoll immer unn geisdisch hoch.
So gans schlaue Leid wolle jòò was erreische,
e «Reputation» unner ihresgleiche.

De Kischder im Dom waa faschd eewisch dòò.
Dòò saad äänes Daas e Besucher mòò:
Wem'má so lang hie Kischder is,
had má schunn vill geheerd gewiss,
unn vill gesiehn, gans berihmde Leid,
die greeschde Predischer vun dá Zeid.

De Kischder saad: «Wem'má's bedenkd,
de Herrgodd had misch reisch beschenkd.
Gans schlaue Käbb, gelehrde Leid,
dòò kridd má jede Daa gezeid,
wie schlau má iwwer Goddes Word
kann predische in äänem ford.

Unn Daach forr Daach finnd jeder Dengger
e neier Dräh, e neier Schlengger,
dud's Evangelium nei kneede,
nòò Strisch unn Fadem runnerbeede.
Er lossd uff die, wo unne sidze,
sei gans Gelehrdhääd runnerblidze.

Dòò zuseheere, e Genuss.
Unn manschmòò finne se känn Schluss.
Unn werd's debei ach noch so späd,
's werd noch e Pirouedd gedrähd.
Haubdsach, má heerd sisch selbschd gäär schwädze,
ach wenn's die annre nidd so schädze.

Na ja, ään Gligg, isch kann hald saan,
dass isch all das bis jedz ertraan.
Nur ääns, das derf isch nidd vágesse,
das Wunner kann isch kaum ermesse,
die allergreeschd vun Goddes Gawe:
Isch kann trodzdemm noch an ne glawe.»

Spaasam
Sparsam

Am Samschdaachòòmd fròòd de Paschdor de Kaplan,
vun was á dann mòrje wohl predische maan.

«Ei,» saad de Kaplan, «in so rá schleschd Zeid –
es gehd um die Tugend der Sparsamkeit.»

«Gudd,» saad de Paschdor, «nix degeje se saan,
die Spaasamkääd, die waa schunn lang nim'meh draan.

Nur mid dá Kollegde heischd's vòrsischdisch sinn.
Die sammle má liewer dann vòrhär in.»

Midreisend gepredischd
Mitreißend gepredigt

Es sinn, werd in dá Kirsch gepredischd,
die Flischd unn ofd die Leid erledischd.

's leid uff dá Couch bei seinem Psyschiader,
e Parrer, Paschdor, kann sinn e Pader,
e Diakon odder ach Prädikand.
De Psyschiader, der fròòd penetrand,
gans ohne Angschd, ne se vákrädze:
«Duun Sie im Schlòòf villeischd ach schwädze?»

«Nää,» saad á unn denkd an sei Kirsch unn sei Schòòfe.
«Isch schwädze nur dann, wenn die annere schlòòfe.»

P.S.
E Predischd reisd nidd selde mid,
wohin, das wääs má manschmòò nidd.

Váwechseld
Verwechselt

De ald Paschdor Huber, e Goddesmann,
vum alde Schlaach änner, wo faschd alles kann,
der had noch sei Schäfscher perseenlisch gekennd,
die meischde devun noch mid Name genennd.
Er waa ach tadsäschlisch beliebd in seim Ord,
er had faschd forr jeder e freindlisches Word.
Fromm war á unn menschlisch, ihm waa immer klaa:
Isch bin nur e Mensch – unn die annere aa.

Sei Käschin, 's Marie, waa vun annerem Schlaach.
Das waa nur am Schille, ob Naachd odder Daach.
In dá Kisch is de Umgang mid Fedd unausweischlisch,
unn ach drause kridd jeder sei Fedd vun'em reischlisch.
Wenn's gang wär nòò demm, wär de Himmel faschd läär,
dòò krääd má so gudd wie känn Nachwuchs här.
Dòò wär faschd nix drin auser Engel unn Spadze,
nur die Häll, die dääd aus alle Nähd ball pladze.

Die Klaasischd, die had ihrm Paschdor gladd gefähld,
Der had sisch beim Predische aarisch gequäld.
Es wolld em hald ännfach nidd rischdisch gligge,
de Leid all die Käbb so sereschdserigge.
Má hädd kinne männe, sei Mund wär várammeld,
geklung had das manschmòò, als wär's nur gestammeld.
Jed Word had á äänseln eraus misse drigge,
unn e flissischi Buuspredischd wolld em nie gligge.

Bis äämòò am Sunndaa e Predischd kumm is,
mid Peffer, voll Raasch unn so rischdisch mid Biss.
Die Worde sinn nur so erausgeschoss,
als hädd má e Hund vun dá Kedd geloss.
's waa, kurz gesaad, alles kombledd ungewehnlisch,
als wär er es Jingschde Gerischd heegschdperseenlisch.
Die Leid hann geguggd wie die Kuh guggd, wenn's dimmeld.
Unn schnell hann se sisch nòò dá Mess still vákrimmeld.

Eerschd dinschdaas is langsam de Schogg uffgetaud,
dann had sisch mòò jemand se fròòe getraud.
Er saad: «Isch hann selbschd nidd gewusd, was passierd,
die Schniss had vun selwer geschwädzd wie geschmierd.
Dann merg isch uff äämòò, das bin gaanidd isch,
isch ham'misch am Mòrje vágriff sischerlisch.
Unn hinnerhär gugg isch, ob's wirglisch so is:
Tadsäschlisch: Das waa em Marie sei Gebiss!»

Gudd gemännd
Gut gemeint

E Prädikand, vum Geischd beseeld,
had in dá Predischd gäär vázehld.
Er had sisch selbschd aach gäär geheerd,
desweje had's ne schwär gesteerd,
er had nur heegschens dann unn wann
mòò uff em Predischdplan gestann.

So had sisch vill in ihm gestaud,
unn das is ach nie abgeflaud.
Dursch iwwergrooser Predischddrang
werd's Predische besonnersch lang.
Dòò kann á hald nidd aan sisch halle
unn männd, das dääd de Leid gefalle.

Dòò, äämòò war'á widder draan
unn wolld's de Leid mòò rischdisch saan,
die sollde doch vun sei'm Doziere
e Läwe lang noch profidiere.
Die Predischd waa schunn ball e Stunn.
Er had unn had känn Enn gefunn.

Es Middaachesse had gewaad,
dòò had de Kischder sisch gesaad:
«Má männd, der predischd e Roman,
dann is der mòrje Òòmd noch draan.»
Unn dòònòò had á gleisch eiskald
sämdlische Glogge aangeschald.

Känn Mensch kunnd meh e Word vástehn
bei denne laude Gloggeteen.
De Prädikand fuchsdeiwelswild,
der rennd zum Kischder raus unn schilld:
«Wie kinne Sie sisch so erfresche,
ännfach mei Predischd absebresche?!!»

Er doobd erum unn krääschd unn schilld.
De Kischder unnerbreschd ne mild:
«Herr Prädikand,» saad er, «mir hann
uns dòò wohl sischer missvástann.
Isch kann dòò nur das ääne saan:
Die Glogge ware jedz hald draan.

Isch will Ihne gäär ach erkläre, warum:
Isch wolld Sie bestimmd nidd hedze.
Ihr Predischd, die waa doch schunn längschdens erum,
unn Sie immer noch am Schwädze!»

Unn die Bibel had doch Reschd

Und die Bibel hat doch Recht

Pharisäer unn Zällner
Pharisäer und Zöllner

Im Goddesdienschd die Bibel heerd e Mann.
's werd e Geschischd vun zwei Leid vòrgelääs:
Zällner unn Pharisäer. – Wie má wääs,
e Beispiel, wo má vill draus lerne kann.

De Pharisäer dud sisch selbschd gefalle.
Er saad: «Du liewer Godd, isch dangge dir.
Isch bin e gudder Mensch, mei greeschd Pläsier
is, dei Gebode fleisisch insehalle.

Isch duun sogaa e bisje meh noch leischde
unn hann bei alledemm ach de Gewinn,
dass isch nidd so wie dord der Zällner bin.»
Unn selbschdsefriede duun sei Aue leischde.

    Das wääs doch jeder, das is gans normal:
    Die Pharisäer duun sisch selbschd gefalle.
    Drum duun se sisch ach firr was Bessres halle.
    Das is villeischd in demm Fall die Moral.

Der Mann had die Geschischd kaum aangeheerd,
dòò wääs'á schunn, hie kam'má ääns nur saan:
Wie kann e Mensch sei Nas so hoch bloos draan?
Wääs der dann nidd, dass Eischelob nur schdeerd?

«Nä, nä», so gehd's demm Mann dòò dursch de Sinn,
«an Iwwerheblischkääd duun isch nidd krangge.
Du liewer Godd, isch will dá herzlisch dangge:
dass isch nidd wie der Pharisäer bin.»

    Das wääs doch jeder, das is gans normal:
    Es heerd bestimmd känn Pharisäer gäär,
    dass er in Wòhrhääd selbschd noch schlimmer wär.
    Das is vun demm Gedischd hie die Moral.

P.S.
Grad eewe gehd má das noch dursch de Sinn:
Gudd, dass'isch selbschd känn Pharisäer bin.

Die Speisung vun de Finfdausend
Die Speisung der Fünftausend

De Parrer had, vum Geischd beseeld,
aus seiner Bibel was vázehld:
Váschwädzd sisch awwer gans unn gaa:
«E Wunner had sisch zugedraa:
Finfdausend Brode ware dord.
Dòò hann'se, so saad's Goddes Word,
genuch Brod forr finf Leid gehadd,
unn allegare ware sadd.»

Schunn heerd'á unne änner saan:
«Wo is'en dòò es Wunner draan?
Das hädd'isch awwer aach geschaffd,
gans ohne jedi Wunnerkrafd.»
Wodruff de Parrer eerschd bees guggd
unn dann die badzisch Andword schluggd.
Dann bringd á awwer sunndaas druff,
zum zwädde Mòò 's Gespräasch dòò druff.

Unn dismòò saad á's nidd vákehrd.
Jedz saad á's, wie má's immer heerd:
«Finfdausend Mensche werre sadd,
obwohl má nur finf Brode had.»
Er baubsd de Zwischerufer aan:
«Sie wolle also wirglisch saan,
so herrlisch wunnerbare Sache,
die kinnde Sie genau so mache?»

Der Mann, der muss sisch kaum besinne:
«Herr Parrer, das muss isch nidd kinne!
Vum ledschde Sunndaa, ungelòò,
sinn jede Menge Reschde dòò!»

Vun Schweis unn Brod
Von Schweiß und Brot

Er waa e wirglisch stragger Hund,
gudd ausgeruhd unn kerngesund.
Zum Schaffe nidd es kläänschd Talend,
dòò war'á vällisch abschdinend.
De Parrer schwädzd'em in's Gewisse,
doch er had känn Gewissensbisse.

De Parrer saad: «De liewe Godd
had's in dá Bibel schunn gebodd.
Dòò kannsch'de lese schwazz uff weis,
dòò heischd's vun Aldersch här: Im Schweis
vun deinem Aangesischd sollschd du
dei Brod nur esse immerzu.

So stehd's geschrieb seid langer Zeid,
du wääschd doch wohl, was das bedeid?»
«Ei jòò Herr Parrer, saad'á druff.
So mach isch's, misch reeschd das nidd uff.
Der Fall is klaa, die Sach geridzd:
De Mensch soll esse, bis'á schwidzd.»

Die Jakobslääder
Die Jakobsleiter

«Am Himmel stehd die Jakobslääder,
wo Engel uff unn nidder steie.
Was had das uns, so lang Zeid späder,
noch an Erkenndnis nei se zeie?«

De Lehrer frööd's in Relischjon,
die Klass bleibd still, känn Reaktion.

Dann melld sisch ääner immerhin:
«Die Engel hann doch Flischel hinne!
Dann misde se ach flieje kinne.
Forr was muss döö e Lääder sinn?»

Gefrööd is leischd, die Andword schwär.
Wo krie'má bloos e Andword här?

«Wenn Se misch frööe, was isch männe:
Isch duun's,» saad döö e klääner Lauser
«vun meim Kanarjevochel kenne.
Die Engel sinn wohl in dá Mauser!»

Sindische, beischde, biise,...
sindische

Sündigen, beichten, büßen,...
sündigen

De eerschde Schridd
Der erste Schritt

Bekenne, bereue unn demiidisch bidde,
das sinn zur ‚Vergebung der Sünden' die Schridde.
So had á de Kinner das beigebrung.
Jedz meeschd á noch wisse: Is das gelung?

Is das in de Käbb, unn hann se's vástann?
So fròòd de Herr Parrer die Kinner dann,
forr raussekrien: Krien se das rischdisch mid?
«Was ist zur Vergebung der erste Schritt?»

Es Diedersche, das sisch nur selde melld,
had gleisch sisch gans uffgereeschd hingestelld.
Unn schunn dud's sei Bodschafd vákindische:
«Seallereerschd muss má mòò sindische!»

Gewissenserforschung
Gewissenserforschung

De neie Herr Paschdor is dòò
unn heerd die Beischd zum eerschde Mòò.
Im Beischdstuhl huggd e frommi Fraa,
bekennd ihr Sinde, was so waa

grad in de ledschde drei, vier Daache.
Das dud's Gedäschnis nidd so plaache,
wo läschrisch is, ball wie e Sieb:
«Isch hann ach Unkeuschheit getrieb!»

So heerd má se uff äämòò saan.
«Mid wemm?» fròòd de Paschdor spondan.
«Ei mid'me scheene junge Mann
vun zwansisch. Das wär alles dann!»

Dòò runseld de Paschdor die Stirn.
Faschd heerd má's schaffe in sei'm Hirn.
Dann fròòd'á schnäägisch unn piggierd:
«Wann is'en das genau passierd?»

«Òò Herr Paschdor,» saad dòò die Fraa,
«isch wääs'es sischer, wann das waa.
Gudd seschzisch Jòhr is das jedz här. –
Isch beischde's awwer immer gäär!»

Die Lidanei vum neie Wein
Die Litanei vom neuen Wein

Im Winserdorf waa's an dá unnerschd Saa,
kann ach sinn, dass's irjendwo annaschd waa,
an dá Ruwer, dá Mosel? Odder waa's in dá Pals?
Gans bestimmd waa de Herbschd dòò unn Wein jedefalls.

Dòò erscheind in dá Kirsch e Winser zum Beischde,
die Aue duun strahle, die Nas diefrood leischde.
Wo á gehd, wo á stehd, umschwebd ne e Dufd
vun Wein unn erfilld ach im Beischdstuhl die Lufd.

E Paschdor im'me Winserdorf is vill gewehnd,
weil ach ihm als de Wein mòò de Alldaach váscheend.
Awwer grad vun demm Winser, wo bei ihm sidzd,
had die Fraa ne am Daach devòr aangespidzd.

Gejammerd, ihr Schluggspeschd wär nur noch am Schlugge.
Ob er was kinnd mache draan, solld á mòò gugge.
Sie dääd ihr Mann mòrje mòò bei ne schigge,
villeischd dääd jòò ihm die Bekehrung gligge.

So schwädzd á seim Beischdkind dann ins Gewisse
unn hoffd ach, der krääd jedz Gewissensbisse.
Vázehld vun Vázischd unn vun Maas unn vun Ziel,
bringd Insischd unn Reue unn Buße ins Spiel.

Unn dass má zum Enn kummd, gebbd er hinnedruff
als Buße ihm «drei Litaneien» uff.
Die Beischd is vòrbei, em Paschdor is es leischder.
Unn es Beischdkind? Im Friede vun danne schleischd á!

Drei Stunne sinn rum, de Paschdor uff dá Gass.
Dòò sidd á der Winser, so voll wie e Fass.
Er stelld ne zur Redd unn is furschbaa beleidischd,
doch's Saufnäsje had sisch gans mudisch váteidischd.

«Herr Paschdor, isch wääs gaanidd, was Sie wolle.
Isch hann's doch gemachd, wie isch's hann mache solle.
Isch hann geje Sie doch nidd uffgemuggd.
Isch hann, was Sie uffgetraa hann, brav geschluggd

De alde Wein hann isch nidd aangerihrd,
der had misch gereizd, awwer nidd váfihrd.
Wie Sie das válangd hann, unn dass solld Sie freie,
hann isch se getrunk, die drei Lider Neie.»

Die Sinderin
Die Sünderin

Dòò kummd mòò an'me scheene Daa
zum Parrer gans vástohl e Fraa,
druggsd eerschd erum minuddelang,
saad dann, sie hädd e Sind begang,
wo se so schlimm belaschde dääd,
dass se känn innri Ruh meh krääd.

De Parrer heerd sisch alles aan.
Dann männd'á: «Duun Se má's mòò saan,
was forr e schlimmi Sind das is,
dann sieh'má weider, gans gewiss.
Duun Se Ihr Herz erleischdere,
das werre má schunn meischdere.»

«Mei Sind, das is die Eidelkääd,
die Hoffaad, ach wie dud's má lääd.
Herr Parrer, stelle Se sisch vòr,
mir stelle sisch jòò noch die Hòòr.
In ledschder Zeid, so dann unn wann,
hann isch vòr'm Spischel ofd gestann.

Kaum hann isch misch dann still betrachd,
dòò is de Hochmuud gleisch erwachd.
Isch kinnd dòò stunnelang dann stehn
unn dengge: Ach, wie bin isch scheen!
Herr Parrer, isch genn's zu, isch bin
deshalb e schlimmi Sinderin.»

De Parrer guggd se freindlisch aan
unn männd: «Das kann'isch Ihne saan,
dass Sie bestimmd mid so'ne Sache
sisch nie unn nimmer schuldisch mache.
Isch kann dòò gaakänn Sind erkenne.
Nää, sowas dud má Irrtum nenne.»

Kurz unn knabb
Kurz und knapp

Es Dolly, wie's im Sterwe leid,
meeschd doch mòò widder beischde heid.
Zum eerschde Mòò beischde seid achdzisch Jòhr,
was kròòmd's dòò wohl aus em Gedäschnis vòr?

Unn iwwerhaubd: Wie soll sowas dann gehn?
Es Dolly machd's knabb: «Isch waa jung, isch waa scheen.
Unn isch waa ach mid manscherlei Reize begabd,
hann die Kerle gesaad, unn isch hann's ne geglaabd.

Unn wenn Sie die Äänselhääde
jedz aach gäär heere dääde:
Die kam'má sisch sowiso dengge.
Das kann isch má also schengge.»

Was soll má dòò saan, das erfahre má nie.
Hädde mir jedz e dreggischi Fandasie,
dann wär's Dolly e Luder, das wääs isch genau.
Wenn nidd, dann waa's e gans aanstännisch Frau.

Merg dá:

Ääner Finger, wo zeid,
weisd uff annere Leid,
mid de annere drei.
bisch'de selwer debei.

Beischdgeheimnis
Beichtgeheimnis

Knaadschisch huggd de Paschdor beim Schobbe
unn machd e brummisches Gesischd.
In seinem Glas e gudder Trobbe,
trodzdemm, sei Stimmung bleibd gemischd.

De Wird, der dud sisch bei ne hugge
unn saad: «Sie sinn wohl nidd gudd druff?»
«Soll isch villeischd noch frehlisch gugge?»
saad de Paschdor. «Kumm, heer má uff!

Wem'má nur Kummer had unn Sòrje,
dòò had má irjendwann genuch.
Ään äänsisch Beischd am ganse Mòrje,
unn das is dann e Ehebruch!»

's is kaum gesaad, kummd gudd gelaund
aus ihrer Kisch em Wird sei Fraa.
«Gell Herr Paschdor, Sie hann gestaund,
wie frih isch heid schunn beischde waa!»

Rein ideell
Rein ideell

Es Rosi had mid diefschdem Lääd
sei Liewesläwe ausgebrääd.
«Wääschd du,» fròòd de Paschdor druff ääs,
«was du vádiene däädschd?» «Isch wääs,»
saad ääs zu ihm. «Unn wenn Se lache:
Isch duu'má hald aus Geld nix mache.»

Lass das
Lass das

Es Dorle had sei Freind gebeischd.
's is faschd so traurisch, dass es kreischd.
Das kann de Herr Paschdor nidd fasse.
Baasch saad á: «Denne musch'de lasse!»
Druff ääs: «Der Debb kridd jòò gaanix mid.
Isch dääd ne jòò losse. Der traud sisch nidd!»

Känn Uffschneider
Kein Aufschneider

Dass änner das se beischde waachd!
«Es waa e dolli Liewesnaachd!
Má hann uns wirglisch lieb gehadd!»
Schwädzd dòò villeischd e Nimmersadd?
denkd de Paschdor. Die Sord dòò lieb isch.
Wenn die mòò beischd, dann werd's ergiebisch.
Er fròòd serigg mid leisem Hohn:
«So! Lieb gehadd! Wie ofd, mei Sohn?»
Druff der: «Was soll dann so e Fròò?
Isch bin doch zum Bereue dòò,
dass isch mei Sinde jedz bekenn!
Isch kumm doch nidd forr aansegenn!»

Gesaad, gemännd
Gesagt, gemeint

Es Susi beischd, sei Mann, der hädd
e Freind, und der wär zimmlisch nedd.
Druff de Paschdor gans unváhoffd:
«So! Zimmlisch nedd! Aha! Wie ofd?»

Die Iiwung machd's, dass má erkennd,
was änner saad unn was á männd.

Gläubisch, ungläubisch, andersgläubisch

Gläubig ungläubig andersgläubig

Fusjon
Fusion

«Die Kirschespaldung had känn Sinn,»
vázehld de Klaus. «Unn immerhin,
es waa ach wirglisch an dá Zeid,
in unserm Dorf sim'má so weid:
Die Ökumene funktionierd,
die Kirsche hann jedz fusionierd.»

«Ach,» saad de Pidd, «das heischd doch dann,
dass ihr nur ääni Kirsch noch hann?!»

«Nää,» saad de Klaus. «Mir hann jedz drei:
Die nei Kirsch unn die alde zwei.»

Sankd Nimmerlein
Sankt Nimmerlein

Beim Feschdmahl hugge am selwe Disch
de Rabbi, unn der essd grad sei Fisch,
denäwe mi'm Schweinsfilee de Paschdor.
Der grinsd unn pischberd em Rabbi ins Ohr:
«Was duun se sisch dann so beim Esse ziere?
Sie sollde das scheene Filee probiere!»

«Isch derf nidd,» saad dòò de Rabbi, «das heischd...
...mòò siehn! Bei Ihrer Hochzeid villeischd!»

Gans nòò owwe
Ganz nach oben

Im Waadesaal, dòò huggd e Rabbi.
Noch dauerd's bis zum Zuuch e knabbi
halb Stunn, dòò muss má noch nidd hedze,
dòò kam'má noch e bisje schwädze.

E Prieschder huggd em visavis.
De Rabbi saad zu'm: «Derf isch Sie
mòò ebbes fròòe? Weil: Isch männe,
dass isch Sie als Paschdor erkenne.»

«Jòò,» saad der Prieschder, «biddesehr!»
unn denkd bei sisch: Was will dann der?
«Wenn Sie schunn länger Prieschder sinn,
is dòò ach e Karriere drin?»

«Na ja, isch waa jòò eerschd Kaplan.
Karriäre dääd isch dòò nidd saan.»
«Ja, gudd,» saad dòò de Rabbi druff,
«bestimmd gehd's doch noch hehjer nuff!»

«Ja, doch, Dechant falld má dòò in,
má kinnd ach Monsignore sinn.
Odder im Klooschder, wenn's dòò klabbd,
dann werd má Prior odder Abd.

Nadiirlisch gebbd's e Hieraaschie,
rischdisch nòò owwe gehd's faschd nie.»
«Schunn,» saad de Rabbi, «awwer wenn!
Dòò muss es dann doch noch was genn.»

«Es gebbd's nidd ofd, kummd awwer vòr,
dass nòò so manschem Prieschderjòhr
ach mòò vun uns ‚geischdlische Herre'
midunner welsche Bischof werre.»

«Unn weider?» «Manschmòò immerhin,
is ach de Erzbischof noch drin.»
«Sunschd nix?» «Ja, doch. Laafd's ideal,
werd má villeischd ach Kardinal.»

«Das waa's?» «Nää, wenn de's ach nidd glaabschd,
saan isch má als, de kinndschd ach Pabschd
in Rom genn. Awwer das is schwär.»
«Gebbd's noch e Stuf in der Karriär?»

Jedz werd á bees. «Nää, es gebbd känn!
Soll isch noch Godd perseenlisch genn?»
De Rabbi, der behalld die Ruh.
Der saad unn läscheld mild dezu:

«Zweifle Se nidd an Goddes Krafd!
Änner vun unsre had's geschaffd.»

Äänfach zu scheen
Einfach zu schön

Es Ulli had gebeischd, es hädd
e Freind, der wär soweid gans nedd.
Nur dass á evangelisch wär,
hädde sei Eltre gaanidd gäär.

Heirade meeschd er ääs schunn ball.
Noch hädd's ne bisje hingehall.
Bloos, weil er das noch immer wolld,
meeschd's wisse, was es mache solld.

Druff saad em de Paschdor: «Mei Kind,
bevòr dei Bräudigam váschwind,
musch de jedz annre Wääsche gehn.
Vázehl, kaddolisch sinn wär scheen.

Bei uns hädd's bunde Läwe Pladz,
nidd prodeschdandisch streng unn schwadz.
Wem'má was aanstelld, beischd má's bloos,
unn schunn is má sei Sinde los.

Dir falld beschdimmd ach noch was in.
Vásuch's, dann krisch' de's sischer hin.
Villeischd lossd á sisch ebbes saan
unn nemmd de reschde Glawe aan.»

Drei Wuche sinn im Nu váflòò,
unn widder huggd es Ulli dòò.
Es hädd's drei Wuche raffinierd
mid alle Middel jedz probierd.

Gelobd hädd's in de heegschde Teen,
kaddolisch sinn, das wär so scheen.
De Hochaldaa, so groos unn mäschdisch,
die Messgewänder, bund unn präschdisch.

Die Mess, die gäb's ach uff Latein,
die Heilische mid Heiljeschein,
die Kommunjon, de Rosekrans,
de Pabschd als owwerschdi Inschdans.

Nidd se vágesse ach das ään,
dass die kaddolisch Kirsch allään
de Seelefriede reschd bewachd
unn gans allään nur selisch machd.

Die Sukzession wär aboschdolisch,
e rischdisch Kirsch gäb's nur kaddolisch,
kirschlisch Gemeinschafd wär's bei ihne,
er dääd was Besseres vádiene.

Es Prieschderamd, die Prieschderweih
unn auserdemm ach noch debei....
«Schunn gudd,» saad de Paschdor, «das reischd,
Had das ne dann nidd iwwerzeischd?»

«Doch,» saad es Ulli, «vill se vill,
weil er misch jedze nim'meh will!
Der had forr misch jedz käm'meh Ohr.
Er werd jedz liewer selbschd Paschdor.»

Wie er das will
Wie er das will

De Prieschder saad zum Evangeele:
«Was solle má dann groos vázehle!?
Was solle má dann dischbediere?
Beim Zangge kam'má nur váliere.

Dass isch e Parrer bin, das sidd má.
Isch wääs jòò, denne Tidel kridd má,
bei Ihne aa, na ja, was soll's?
Die Leid sinn jòò uff villes stols..

Isch männe's jòò nidd bees mid Ihne:
Mir duun doch beide'm Herrgodd diene.
Uff Ihr Aad Sie, gans offebaa
unn isch uff sei Aad, is doch klaa!»

Jenseids-Probleme
Jenseits-Probleme

«Herr Parrer, derf isch Sie mòò steere,
hädde Sie paa Minudde Zeid?
Weil mir was uff dá Seel druff leid,
dòò meeschd isch gäär Ihr Määnung heere.
Isch finn bei demm Problem känn Ruh.
Was saad e Fachmann dòòdezu?

Má dud's jòò aus dá Bibel kenne,
uff Bilder kann isch's aach ofd siehn,
dass isch im Himmel mòò Flischel krien.
Kinne Sie es Rezebd mir nenne,
wie isch dord, forr adredd aussesiehn,
de Jubbe iwwer mei Flischel krien?»

«Ach Godd, holld Ihne das die Ruh?
Das muss nidd sinn. Das is zwaa rischdisch,
bloos is firr Sie was annres wischdisch:
Siehn Se deshalb doch liewer zu,
unn iiwe Se frehlisch unn gans gefassd
wie e Kabb iwwer Deiwelshärner passd.»

Berufsperspegdive
Berufsperspektiven

E grooses Feschd, e langi Tafel.
Dòò zwische Kaue unn Geschwafel,
duun zwei sisch beim Gesprääsch erhidze,
wo sisch dord geeje'iwwer sidze.

Der ään, de Parrer, is wohl Chrisd,
der annere is Atheisd.
Der guggd de Parrer gifdisch aan
unn rufd: «Das kann isch Ihne saan:

Isch halle nix vun Relischjon.
Gesedzd de Fall, isch krääd e Sohn,
der wär im Kobb nidd gans im Lood,
nur aangenomm, e Vollidjod,

der dirfd, dòò dääd isch misch nidd sperre,
uff jede Fall e Parrer werre.»
Er reibd sisch gans vágniischd die Hänn
unn denkd: Demm hann isch's awwer genn.

«Jòò,» saad de Parrer, «das wär scheen.
Das kann'isch wirglisch gudd vástehn.
Beim Kind sisch nòò de Gawe rischde,
zähld zu de scheenschde Eltreflischde.

Hädd schunn Ihr Vadder so gedenkd
unn so Ihr Läwenswääsch gelenkd,
dann wäre mir mid Goddes Seesche
uff jede Fall Berufskolleesche.«

Es selwe
Dasselbe

De Hänsel, der is schwär uff Zack.
Er saad, er hädd de Plan im Sagg:

«Was heischd schunn Godd unn Kirsch unn so?
Die mache sisch nur selwer froh.
Die schaffe heegschens doch mid Triggs.
Desweje glawe isch ach nix.»

Es Gredel studzd e Auebligg.
«Tadsäschlisch nix?» fròòd's dann serigg.

«Nix wär villeischd zu grobb gesaad.
Isch saan's mòò bisje weenjer haad:
Es waa schunn immer mei Konzebd:
Nix, was nidd mei Vástand bekäbbd.»

«Na ja.» saad's Gredel: «Immerhin!
Das dirfd bei dir doch's selwe sinn!»

Es Boddempersonal

Das Bodenpersonal

E Unnerschied
Ein Unterschied

E Wääschweiser duu'má all kenne.
E Parrer is jedem bekannd.
Wer kam'má de Unnerschied nenne?
Jedz bin isch mòò rischdisch gespannd.

Wo kann dòò de Unnerschied leie?
's gebbd känner, wie jeder gleisch sidd.
De Wääsch duun se beide zeie,
nur gehn duun's ne eewe nidd.

Klingelbeidelschneidergeschischd
Klingelbeutelschneidergeschichte

Es is im Goddesdienschd so weid,
zum Klingelbeidel werd's jedz Zeid.

Dòò saad de Parrer mild unn brav:
«Wenn isch mir ebbes winsche daaf

vun denne, wo normalerweise
känn Geldstigg in de Beidel schmeise:

Isch braischd, 's wär heegschdi Eisebahn,
gans dringend mòò e Rällsche Gaan.

Unn, bidde, machen eisch nix draus:
Die Knäbb, die reische vòreerschd aus.»

Ehrlisch fromm
Ehrlich fromm

Zwei Dudzend Leid im Speisesaal
vásammle sich zum Middaasmahl
zwei Dudzend Parrer still váeind,
nidd aarisch hungrisch, wie's so scheind,
weil eerschd emòò noch känner huggd,
nur jeder still nòò vòòre guggd.

Aandäschdisch stehn se an de Stihl,
sengge es Haubd mid vill Gefihl
unn Demuud unn voll Seeleruh
unn hann debei die Aue zu.
Gans konzentrierd unn fromm diskred
bede se still ihr Dischgebeed.

Dann hugge se sisch an de Disch,
má riggd de Stuhl unn räusberd sisch.
Má leed Serviedde uff de Schoos,
unn dann gehd es Gemurmel los.
Dòò drähd sisch änner middedrin
gans leischd zu seinem Nachbaa hin.

Er saad zu'm halb gepischberd leis:
«Isch fròò misch manschmòò in demm Kreis,
wie weid bei so me still Gebeed
im Äänselfall es Zähle gehd.»
Druff saad der anner: «Isch zähl fleisisch
bei so me Aanlass schnell bis dreisisch.

Das is nidd wenisch, nidd se vill.»
De Eerschd saad: «Grad wie isch's aach will,
mid Maas un Ziel. 's gebbd awwer Leid,
die zähle niddmòò halb so weid.
E bisje wenisch, wie isch finn.
Na, sowas will e Parrer sinn!

Bloos, wenn noch welsche weider zähle
unn sisch bis fuffzisch, seschzisch quäle
unn wolle was Besonnres sinn:
Dòò gugg isch ännfach nim'meh hin.
Ach, bleib má doch vum Hals mid denne,
sowas kann isch nur Heuschler nenne.»

E Parrerin, das is es
Eine Pfarrerin, das ist es

Bei uns werd jedz die Parrstell frei,
es Presbyderjum wähld ball nei.
Bishär waa's immer nur e Mann,
obwohl's villeischd e Frau aach kann.
Es muss nidd immer Parrer sinn,
mir suche jedz e Parrerin.

E Parrerin kennd aach die Bibel.
E Parrerin, die is sensibel,
beziehungsweise solld se sinn.
Dòòdruff guggd má besonnersch hin.
Robuschd sinn schiggd sisch nidd forr Paffe,
fresch werre duu'má selwer schaffe.

Dann wär e weidri Forderung:
Am beschde is die Fraa noch jung,
dann lossd se sisch ach ebbes saan
unn stelld sisch nidd so störrisch aan.
Ald werd se selwer nòò unn nòò,
dann ham'má se uns schunn gezòh.

Zu jung wär schleschd! Es wär e gudder
Aschbekd, sie wär schunn zweimòò Mudder,
dass se känn Mudderschudz meh brauch.
Zudemm steerd ach e digger Bauch.
Selbschd wenn á im Talaa váschwind,
koschd's späder doch vill Zeid, das Kind.

E jungi Parrerin kann springe,
villeischd kann se ach besser singe,
had hoffendlisch e zaadi Stimm,
dann brilld se ach nidd grad so schlimm.
Vásuchd se's doch, das hädd känn Zwegg,
dann bleibd villeischd die Stimm gleisch weg.

Die Parrfrau is bei der e Mann,
was má bestimmd aach nudze kann
zu Sache, wo e Parrer saad,
dòòzu wär ihm sei Zeid zu schad.
Er wär villeischd vun frih bis späd
Hausmeischder, wo nix koschde dääd.

E Parrerin trinkd sischer Tee,
unn das endlaschd villeischd's Budget.
Mir brauche e Idealisdin,
uff känne Fall e Feminisdin.
Das gäb doch nix wie Widerspruch,
Kradzbirschde ham'má schunn genuch.

Unn auserdemm bied so e Frau
villeischd ach bisje was forr's Au.
Firr Männer bisje schnuggelisch,
firr Fraue bisje muggelisch,
uff jede Fall so was Gewisses.
Isch glaab, e Parrerin, das is es.

Eschdi Aldernadive
Echte Alternative

E Parrei uff em Land, ehjer gischder wie mòrje,
wo sisch selbschd die Paschdore noch selwer vásorje.

«Uus Häär», de Paschdor, had e kräfdischer Maache.
Sei Käschin kochd reischlisch, dòò kann á nidd klaache.

Im Gejedääl: Meischdens bleibd vill se vill iwwer.
Sei Käschin, besorschd, die beklaachd sisch dòò driwwer.

«Das is nidd in Ordnung, wie mir das dòò treiwe.
Mir brauche Vástärgung! So kann das nidd bleiwe.

Bei so groose Urrwese sidd má genau:
Dòò muss e Vikar␣här. Odder e Sau.»

Berufsberòòder
Berufsberater

Die Eltre simmeliere lang
unn aangestrengd unn sinn so bang,
welscher Beruf, well Profession
wohl rischdisch wär forr ihr Herr Sohn.

So muss dann hald e Profi draan,
der kann villeischd die Leesung saan.
So Leid, die sinn jòò furschbaa schlau
unn wisse sowas gans genau.

De Psychologe fromm unn frisch,
der leed drei Sache uff de Disch:
e Buch, debei e Fläschje Wein
unn noch e Hunnerd-Euro-Schein.

Was er vun denne drei werd holle,
zeid aan, was er kinnd werre solle.
Mòò siehn, wie sisch der Bub endscheid.
Dann muss má siehn, was das bedeid.

De Bub kummd rin, guggd uff de Disch,
nullkommanix endscheid'á sisch.
Er wähld nur kurz, langd kräfdisch zu,
holld ännfach alles, schunn is Ruh.

«Ach Godd,» rufd's Eltrepaa im Chor:
«Dann werd der Bub bestimmd Paschdor!»

Frommi Karriär
Fromme Karriere

De Sohn im Prieschderseminaa,
's kummd zu Besuch es Eltrepaa.
Kaum sidze se im Birro drin,
dòò fròòd má se: «Muss das dann sinn?

Der Bub is doch e aamer Trobb
unn had vòr allem Stroh im Kobb.
So dass'es mid demm bisje Geischd
im Läwe nidd zum Prieschder reischd.»

Wie sinn die Eltre dòò schoggierd
unn genn zur Andword irridierd:
«Der Bub, is awwer doch so fromm!»
«Das bleibd'em vällisch unbenomm.

Nur heischd das nidd, dass'á bekäbbd
das Zeisch, mid demm má Parrer gebbd.
Das muss hald in de Kobb eninn,
drum derf'á ach känn Dummkobb sinn.»

Dá Mudder stehd im Au e Trän:
«Was werd aus unsre scheene Plän?
Der Bub, der wolld das doch so gäär,
unn jedz werd nix aus dá Karriär.»

«Wolld jeder Fromme Parrer genn,
gäb's jòò Paschdore ohne Enn.
Unn kinnd das jeder aame Trobb,
stehd die gans Kirsch ball uff'em Kobb.

Gleisch lossd sisch känner meh belehre,
weil känner uff die Kirsch will heere.
Känn Schäfsche dääd meh unne hugge
unn voll Respekd nòò owwe gugge.

Zähld jedes Schòòf eerschd zu de Bosse,
wer dääd sisch dann noch schäre losse?
De Schäfermangel lossd sisch rischde.
Uff Schòòfe kam'má nidd vázischde.

Paschdor, das werd nix! Siehn Se's in
Ääns wär se schaffe immerhin:
Langd's zum Paschdor nidd, kann das heische,
zum Heilische kinnd's doch noch reische!»

Stellvátreder
Stellvertreter

Es is' es Presbyderium
zur Sidzung mòò sesamme kumm,
dòò gebbd de Parrer ne bekannd:
«Isch mach e Fahd in's Heilje Land,
das heischd, seminnischd dääd'isch's gäär,
bloos die Endscheidung falld má schwär.

De Durschbligg hann in der Gemään
jòò lääder Goddes isch allän.
Deshalb bin isch ach unersedzlisch,
dòò kummd die Fahd doch bisje plädzlisch.
Hann isch's dòò unne noch so scheen,
kinnd alles hie zum Deiwel gehn.

Isch hädd känn äänsisch ruisch Minudd,
wem'má misch hie vámisse dud.
Die Angschd um eisch, die dud misch plaache.
Soll isch die Fahd dann wirglisch waache?
Drum fròò isch eisch jedz rischd'eraus:
Kumme Ihr ohne misch dann aus?»

«Kinnd sinn, Herr Parrer, Sie hann Reschd,
das alles hie sesammebreschd.
Nur solld má's wohl vámeide kinne,
wem'má e Stellvátreder finne.
Mei Vòrschlaach: Mache Sie ihr Fahd!
Mir spiele hald mi'm Kischder Skad.»

Gudde Chrisde
Gute Christen

E Misjonaa in Afrika,
wo immer schwär erfolschreisch waa,
alles, em liewe Godd zu Ehre,
zum reschde Glawe se bekehre,
wolld äänes Daas gäär zu me annre
vun denne Stämm eniwwer wannre.

Miid is á bisje ingeniggd,
wachd uff, unn wie á um sisch bliggd,
dòò huggd im Kreis, gans still unn stumm
e Rudel Leewe um ne rum,
das dord gans voll Erwaadung lungerd
unn Aue machd wie ausgehungerd.

De Misjonaa falld uff die Knie,
beed: «Liewer Godd, mach bidde hie
die Leewe, wo dòò hungrisch hugge,
gefährlisch gierisch nòò mir gugge,
zu gudde Chrisde, gans, gans schnell,
forr disch is das e Bagadell.»

Er machd voll Angschd die Aue zu,
noch immer halld das Rudel Ruh.
Er machd se uff unn sidd, die Leewe
duun all die Vorderpoode heewe
unn beede, nää, er glaabd's nidd – faschd:
«Kumm Herr Jesus, sei unser Gaschd.»

Klääderordnung
Kleiderordnung

Im Parrhaus schelld's zur Middaaszeid.
E halwes Dudzend fromme Leid,
die wolle beim Paschdor sisch gääre
heid iwwer de Kaplan beschwäre.

Heid frih noch hädd der junge Mann
gans wischdisch am Aldaa gestann.
Dòò traad'á noch de voll Ornaad.
E Stunn denòò im Hallebad,

dòò hubsd'á, unn das wär die Krux,
rum in'rá klään, bund Badebux.
Das gehd doch nidd, das derf nidd sinn.
Wo käme mir dann dòò bloos hin?

De Parrer guggd die Leid lang aan:
«Was soll isch dòòdezu dann saan?
Weil: Isch begreif nidd, was eisch steerd.
Wär's eisch dann liewer umgekehrd?»

Denkspord
Denksport

Wer wääs Beschääd, wer denkd mòò nòò,
wer wääs die Andword uff mei Fròò?

Mei Fròò is die, isch wisd hald gäär,
was dann de Unnerschied wohl wär

unn zwaa zwische'me Misjonaa,
zum Beispiel dief in Afrika.

Das wär der ään, der dud má kenne,
de annre will'isch aa noch nenne:

Das is der Mann im Pedersdom,
annaschd gesaad: de Pabschd in Rom.

Wer wääs Beschääd? Wer traud sisch draan?
Wer kam'má dòò die Andword saan?

Wer kennd sisch aus uff demm Gebied?
Was is dòò wohl de Unnerschied?

's wär kadzeleischd, hann'isch vánomm:
De Misjonaa machd Wilde fromm.

Wogeje forr de Pabschd wohl gild:
De Pabschd, der machd die Fromme...

noch frommer.

Prioritäde
Prioritäten

De Dokder unnersuchd e Mann,
runseld die Stirn so dann unn wann
unn saad: «Ihr Bauch, der dud beweise,
dass Sie gans gäär was Guddes speise.»
«Jòò,» saad der Mann, «dòò hann Se Reschd.
Isch esse meischdens gaanidd schleschd.»

Dann unnersuchd de Aazd ne weider
unn saad: «Isch merge das ach leider,
wenn isch dòò uff die Lewwer klobbe:
Sie sinn känn Feind vun gudde Trobbe!»
«Jòò,» saad der Mann, «das kinnd wohl stimme.
E guddes Esse, das will schwimme.»

De Dokder guggd'em in die Aue
unn fròòd'ne: «Unn – was is mid Fraue?
Jedz dabber mid dá Pròòch eraus:
Wie sidd's dann mid de Fraue aus?»
Der Mann saad: «Das is kaum noch wòhr.
Die ledschd, das waa vòr seschzisch Jòhr.»

«Klaa», saad de Aazd, «das is'es wohl:
es Esse unn de Algohol!
Gugge Se liewer nòò 'rá Fraa!»
«Jòò,» saad der Mann, «mir is das klaa.
Nur meinem Scheff wär's nidd egal,
weil, isch bin nämlisch Kaadinal!»

Gudder Ròòd
Guter Rat

Beim Bischof huggd e Dorfpaschdor,
singd demm sei Klaachelied ins Ohr,
vázehld mid klääschlischem Gewimmer:
In seinem Dorf werd's immer schlimmer.

Vum Bischof Unnerstidzung braischd á
geje sei frescher Birjermeischder.
Vum Glawe abgefall wär der
unn machd jedz ihm es Läwe schwär.

«Der had gesaad zu meinem Schregge,
isch kinnd ne mòò am – Dingsbums – legge!
Der saad mir sowas ins Gesischd,
e rischdisch schlimmer Bösewischd.

Mir is schunn lang nim'meh zum Lache.
Saan Se mòòl selbschd: Was soll isch mache?»
De Bischof saad: «Jòò, dass is schlimm.
Der Kerl had wirglisch känn Benimm.

Unn dann das mid dem hinne legge?
Der Kerl muss endlisch mòòl enddegge,
dass nidd nur er sei Wille kridd.
Wenn Se misch fròòe: Isch dääd's nidd!»

Rischdisch rum
Richtig herum

Zwei Mönsche bede ihr Brewier.
De Bruder Hans flubbd Zigaredd.
Im Bruder Franz erwachd die Gier.
Er fròòd, weil er das aach gäär hädd:
«Wo gebbd's dann das, dass änner's waachd
unn hie beim Beede ännfach raachd?»

De Hans saad: «Das dääd isch nie mache
ohne Genehmischung vum Abd,
sunschd hädd isch sischer nix se lache,
wenn misch de Abd debei ertabbd.
So had ach mei Gewisse Ruh:
Isch raache, unn isch beed dezu.»

«Dann fròò isch aach,» saad dòò de Franz.
De Abd, der is ball schwach gefall.
Unn knaadschisch saad de Franz zum Hans:
«Zum Narre hasch'de misch gehall!»
De Hans saad: «Das vástehn isch nidd.
Wie hasch' se'n formulierd, dei Bidd?»

«Isch hann gefròòd, ob isch dirfd raache
beim Beede. Unn schunn war á wild.»
«Das hädd isch aach nidd dirfe waache,»
saad dòò de Hans. «Weil der dann schilld,
hann isch gefròòd, gans treu unn brav,
ob isch beim Raache beede daaf.»

Dord nidd
Dort nicht

De liewe Godd, so heischd's, is iwwerall.
So vill stehd sischer feschd uff jede Fall.

Nur eewe nidd in Rom. Nòò Rom, dòò gehd á
nidd hin, in Rom is jòò sei Stellvátreder.

Die liewe Klääne

Die lieben Kleinen

Singnalwirgung
Signalwirkung

Zum Sunndaas-Hochamd is jedz Zeid.
Die Kirsch is voll mid fromme Leid.
E kläänes Kind huggd aa debei
zum eerschde Mòò, 's is alles nei.

Die Mess, die ziehd sich in die Läng,
gans fremde Worde unn Gesäng.

Es wääs nidd reschd, was dòò passierd,
so dass es die Geduld válierd
unn saan meeschd, dass es das nidd will.
Die Mudder saad «Bschd! Bisch' de still!»"

Gans laud singd jedz de Kirschechor,
dòò pischberd's ihr gans leis ins Ohr:

«Kannsch' du's dòò vòòre aach erkenne,
dòò dud e roodes Lischdsche brenne.
Wenn das ball griin wär, das wär scheen,
dann dirfe má doch endlisch gehn!?»

Zigaredde
Zigaretten

Beim Parrer sinn die Konfirmande,
unn er vázehld es Aldbekannde.
Vázehld voll Inbrunschd radikal
vun Aanstand, Sidde unn Moral.
«Ach wenn'á das gans gääre hädde,
hallen eisch fern vun Zigaredde.

Weil ihr eisch gleisch nòò'm eerschde Rauche
ach gaaniddmeh se wunnre brauche:
Dòò folschd es eerschde Bier denòò,
de eerschde Schnabs is aa gleisch dòò,
unn schunn, isch waach's jòò kaum se saan,
gehd's dabber an die Mäde draan...

Es melld sisch fresch es Fleisch, das schwache,
unn will gans schlimme Sache mache,
wobei má schnell de Kobb válierd,
unn baufdisch is'es schunn passiert.
Wer aanfangd mid so schleschde Posse,
der kann's dann späder nim'meh losse.»

An der Stell melld sisch so e Bub,
machd aus sei'm Herz känn Märdergrub:
«Herr Parrer», heerd má'ne druff saan:
«dòò dengge isch mei Lääwe draan.
Nur ebbes wisd isch jedz noch gäär:
Wo gebbd's so Zigaredde här?»

Vápedzd
Verpetzt

Gans liebevoll had á sei Obstbääm geheeschd,
gehäddscheld, gehäämeld unn sorschsam gefleeschd.
Stols freid sisch de Parrer, er finnd das gans doll.
De Herbschd is jedz dòò, unn die Bääm hänge voll.

Dòò mergd á, dass irjendwann in dá Naachd
dòò irjendwer kräfdisch se klaue waachd.
Was kam'má dòò mache? Er iwwerleed.
Dann hängd á e Schild hin, unn uff demm stehd
se lese: «De liewe Godd sidd alles!»
Das werd sischer helfe im Fall des Falles.

Die Buwe, wo naachds vun de Obstbääm klaue,
die steerd's nidd, die duun sisch ach weider traue.
Die schreiwe uff's Schild: «Ach wenn á uns sidd,
das machd doch nix, weil: Der váròòd uns nidd!»

Paradiesabbel
Paradiesapfel

Es waa in rá Dorfschul im Merzischer Land,
im Saaland werd's ach Äbbelkischd genannd.

De Parrer had sei Relischjonsstunn gehall.
Es Thema, das waa heid de Sindefall.

Má wääs jòò, dòò kummd ach e Abbel drin vòr.
Bei sisch denkd de Parrer: «Das wär doch gans klòòr,

dòò hann unser Kinner e Zugang dezu,
das duun se dann sischer begreife im Nu.»

Erklärd die Geschischd ne vun vòòre bis hinne
unn hoffd jedz, sie dääde die Andword finne.

«Warum waa vun all denne Bääm allään
der␣ään Abbelbaam nur vábodd gewään?»

Die Kinner, die gugge ne nur gans groos aan,
unn känns is debei, wo dòòzu was kinnd saan.

Faschd will á schunn uffgenn, dòò melld sich doch schüschdern
de Kläänschd vun ne all unn saad sachlisch unn nüschdern:

«Die hann bestimmd deshalb nidd draangehn solle,
weil Godde hann dòòdraus noch Viez mache wolle.»

Naachdgebeed
Nachtgebet

E frommer Chrisd, das wär doch scheen,
der beed am Òòmd vòrm Schlòòfegehn,
weshalb's ums liewe Naachdgebeed
heid in dá Relischjonsstunn gehd.

De Lehrer fròòd deshalb, was òòmds dann forr Sache
em Lili sei Mudder unn Vadder mache.
Es Lili saad: «Dann esse die se Naachd!"
«Unn dann?» «Ei, er hädd sisch am Daach so geplaachd,
so saad dann mei Vadder, dann dud á sisch hugge
ins Wohnzimmer, dann dud á Fernsehn gugge.»

«Unn dann?» «Dann huggd sisch mei Mudder dezu.»
«Unn dann?» «Ei dann is se'eerschd mòò Ruh.»
«Unn dann?» «Dann gehn se ins Bad unn ins Bedd.»
«Unn dann?» – «Unn dann??» saad es Lili koggedd.
«Isch wääs es. Isch männ doch, ach Sie wisse, was.
Nur: Is das e Thema forr in die zwädd Klass?»

Gudd informierd
Gut informiert

«Herr Meyer,» saad de Paschdor, «forr Ihr Sohn,
dòò werd's noch nix mid dá Kommunjon!»

«Was,» saad de Vadder mid bleischem Gesischd,
»mir hann doch schunn alles vòrgerischd.
De Aanzuuch, die Kerz, de Kaffee, de Immes,
wie kumme Sie dann uff so ebbes Schlimmes?»

Druff guggd de Paschdor ne lädisch aan:
«Das kann isch Ihne gääre saan.

Er had sisch das alles selwer vádorb.
Weil: Wie is dann unser Herr Jesus gestorb?
Bei der Fròò war'á eewe draan
unn kunnd dòòdruff känn Andword saan.»

De Vadder werd abwechselnd bleisch unn rood:
«Was,» saad á, «unser Herr Jesus – dood?
Känn Wunner, das der Bub das nidd wääs:
Mir hann noch känn Doodesaanzeisch gelääs.»

Irjendwie fromm uff ihr Aad

Irgendwie fromm auf ihre Art

Es reschde Word
Das rechte Wort

De Schreiner is im Dom am Schaffe.
Die Bänk sinn nim'meh all stabil.
Manschmòò stehn Leid debei unn gaffe.
Es nervd unn lossd ne gaanidd kihl.

Grad wie de Bischof aach will gugge,
haud er sisch uff de Daume druff.
Se'eerschd will á's noch runnerschlugge,
dann gebbd á all gudd Vòrsädz uff,

fluchd: «Himmelherrgoddkreidzgewidder»
unn «Sakramend vádammdnochmòò!»
De Bischof guggd e bisje bidder
unn saad zu'm: «Was soll dann das dòò?

Muss das sinn, hie so rumsefluche?
So stelld sisch doch e Chrisd nidd draan!
Sie kinnde's wenischdens vásuche
unn schlischd unn äänfach ‚Scheise' saan!»

Em Eva sei Äbbel
Evas Äpfel

Beim Staadsbanggedd huggd beim Dinee
e Fraa mid diefem Degolldee,
dief ausgeschnidd, unn wirglisch ohne's
se iwwertreiwe bis zum Sohnes,
näwe me alde Kaadinal.

Es gebbd zum Abschluss vun demm Mahl
e Kreation, vum Maître betiddeld
als «Abbel à la Iwwerkandiddeld».
Sie beuschd sisch vòr zu demm Gaumeschmaus,
má kann nur hoffe, jedz rolld nix raus.

Grad will se an denne Abbel draan,
dòò heerd se ihr Nachbaa «Vòrsischd!» saan.
Sie guggd ne aan gans irridierd,
wobei er nidd die Ruh válierd
unn saad gans sanfd unn bisje fies:

«Dengge Se jedz mòò ans Paradies
unn's Eva.» Druff sie: «Was soll das heische?»
Er saad: «Das lossd sisch doch brima vágleische!
Der Abbel dord had á jòò nidd bloos geschmeggd.
Kaum had se ne gess, had se ebbes enddeggd:

Nidd nur, dass der Abbel scheen knaggisch waa,
nää, ach, dass sie selwer – naggisch waa.»

Vádammd
Verdammt

E Audofahrer meeschd gäär staade.
Es Audo quiegd unn lossd ne waade.
Er dud's minuddelang vásuche.
Es klabbd nidd, er fangd aan se fluche.

«Vádammd noch mòò!», «Vádammder Mischd!»
unn «Goddvádammd!». – «Sie sinn doch Chrischd!»
De Parrer saad's, es had ne gesteerd.
«Sie wisse, dass sisch das nidd geheerd!
Sie sollde's mòò mid ‚Helf Godd' vásuche
unn nidd mid demm läschderlische Fluche!»

Der Audofahrer guggd gans dumm,
drähd sisch dann awwer doch erum,
drähd ach de Schlissel rum im Schloss
unn saad «Helf Godd!» gans unvádross.
Jedz gugg mòò aan, wie kummd das bloos:
Es Audo laafd, schunn fahd á los.

De Parrer stehd gans vádadderd dòò:
«Wo gebbd's dann sowas? Vádammd nochmòò!»

Dei Nägschder
Dein Nächster

Es Kind had jemand aangelòò
unn das ach nidd zum eerschde Mòò.
Das is zwaa forr de Vadder schmerzlisch,
trodzdemm ermahnd á's widder herzlisch:
«Muschd immer nur die Wòhrhääd saan,
má liid doch nidd sei Nägschder aan.»

E grooses Word, das gem'má zu.
Unn du, mei Kind, was saaschd dann du?

Es Kind sidd das nidd vällisch in
unn saad druff, ääs misd immerhin,
ach dass nidd grad zu eerschde Mòò
saan: «Nää, mei Babba is nidd dòò,»
wenn vòr dá Hausdiir 's Hissje stehd,
dass der nix wegholld, sondern gehd.

Es Kind saad also was degeje?!
De Vadder muss schwär iwwerleje.

«Mei Nägschder, das had dann nur Sinn,
wenn isch ach demm sei Nägschder bin.
Was e Gerischdsvollziehjer dud,»
so saad de Vadder, «is nidd gudd
unn das beweisd doch wohl gewiss,
dass der nidd unser Nägschder is.»

Leid ach emòò die Wòhrhääd brach:
Es Gejedääl stimmd manschmòò aach.

Askeedeschmerze
Asketenschmerzen

Es kummd e Mann zu seinem Dokder hin
unn dud sisch dord gans bidderlisch beklaache.
Beklaachd sisch, dass'á furschbaa Kobbweh hädd,
das dääd'em hald ums Fregge nidd behaache.
Zudemm wär's ungereschd, wenn's emm so gehd.
Er hädd schunn vòr unendlisch langer Zeid
e Määsischkäädsgelibde abgeleed
unn hädd's ach ehrlisch ingehall bis heid.

De Dokder, der betrachd mòò eerschd sei Zung
unn saad em so beim Gugge unnerdesse:
«Sie dirfe hald, das wär mei eerschder Ròòd
beim Mäsischsinn nidd grad so ibbisch esse.»

«Herr Dokder, nää, so kann's bestimmd nidd sinn.
Das treffd nidd zu, wie Sie má's jedz erkläre.
Weil isch schunn eewisch, mei'm Gelibde nòò,
bescheide misch unn maacher nur ernähre.»

De Dokder fihld'em dòòdruff dann de Puls
unn saad: «Wenn's das nidd waa, dann is'es wohl,
dòò deide sämdlische Sympdome druff
hunnerd zu änns bestimmd de Algohol.»

«Herr Dokder, nää, ach so kann das nidd sinn,
das kann isch, wenn se wolle, gleisch be'eide.
Isch hann gelobd, uff eewisch gans bestimmd
de beese Feind, de Algohol, steds meide.»

De Dokder klobbd em kräfdisch uff die Bruschd:
«Wie Sie dòò rassle, dud's Sie sischer plaache,
dass geje jed Vánunft unn de Vástand
Sie heegschd wahscheinlisch dauernd Kedde raache.»

«Herr Dokder, nää, das stimmd im Läwe nidd.
Isch hädd's bei demm Gelibde nie gewaachd.
Gans ruisch is mei Gewisse, wenn'isch saan:
Isch hann noch nidd ään äänsisch Mòòl geraachd.»

De Dokder denkd: Das is e schwärer Fall!
unn saad mòò uff gudd Gligg: «Isch wääs genau,
an was es leid, jedz is Ihr Leide klaa.
Bestimmd steggd dòò dehinner nur e Frau!»

«Herr Dokder, nää, das kann eerschd reschd nidd sinn.
Sie leie kilomederweid denäwe.
Vun Fraue hall'isch misch schunn immer fern,
känn äänsisch Fraa waa in meim ganse Lääwe!»

Jedz is der aame Dokder gans perblex.
Er fròòd sisch dringend, was demm Mann wohl fähld.
«Du liewer Godd! Ei gebbd's dann sowas aa!
Jedz wääs'isch awwer sischer, was Sie quäld!

Dass isch nidd gleisch die Diagnos gefunn hann,
nidd druffkumm bin, was Sie am Knause zwiggd!
Debei waa's doch gans simbel raus'se'finne:
's is äänfach nur Ihr Heiljeschein, wo driggd!»

E gudder Dienschd
Ein guter Dienst

Má mergd das immer widder mòò:
's waa meischdens jemand vòrhär dòò.

E Klassetreffe, ach wie scheen!
Dòò kam'má doch so gudd vágleische:
Was kunnd má selbschd bishär erreische?
Unn wo duun jedz die annre stehn?

Gans wischdisch dirfd ach das noch sinn:
Waa mei Berufsendscheidung rischdisch?
Bin isch mid meim Beruf ach wischdisch?
Unn: Siehn die annere das in?

«Mir Maurer,» saad de Herbert, «wisse:
Mir hann die längschd Zeid iwwerdauerd,
de Turm vun Babel schunn gemauerd,
Das misd doch jeder insiehn misse.»

De Theo muss nidd iwwerleje:
«Mir Gärdner durfde vòrhär 's ganse
heilische Paradies beplanse
unn sinn die Eerschde dòòdeweje.»

De Fred saad: «Ääns is doch wohl klaa:
Godd had gesaad: Es werde Lischd!
Mir hann's Elektrisch ingerischd,
wo vòrhär nix wie Chaos waa.»

De Auguschd had nur brääd gelachd.
Stols als Polidiger saad der:
«Unn wo kummd wohl das Chaos här?
Das hann doch mir forr eisch gemachd.»

Moral:
Fähld nur genuch im Käbbsche drin,
kam'má ach stols uff sowas sinn.

Birjermeischder unn Parrer
Bürgermeister und Pfarrer
nach *Schulz und Pfaffe* von Sebastian Sailer (1714–1777)

In eme Derfsche, gaanidd weid vun hie,
dòò wolld emòò in aller Herrgoddsfrih
de Parrer nauszus bei e Krangger reide.
Unn weil á gääre dord sinn wolld beizeide,
dòò reid á, weil de Wääsch so so kirzer wär,
vòr'm Birjermeischder seiner Wohnung här.

De Birjermeischder heerd es Hufgeklabber.
De Vòrwidz plaachd ne – unn so robbd á dabber
es Finschder uff, hängd weid sei Knause raus
unn baubsd de Parrer aan unn rufd enaus:
«Herr Parrer, ei wo wolle Ihr dann hin,
dass ná so frih schunn unnerwääschs heid sinn?»

De Parrer had die Sach vázehld im Nu.
Scheinheilisch heerd de Birjermeischder zu
unn saad druff: «Gudd, nur dass ná uff me Päärd
stadd Esel reide, wie werd das erklärd?
Schunn in dá Bibel werd uns doch gezeid,
dass selbschd de Jesus uff me Esel reid!»

De Parrer leed nur Sanfdmud in sei Bligg.
«Herr Birjermeischder,» gebbd á druff serigg,
«nidd dass ná männe, mir wär's zu gewehnlisch.
U'm Esel reide, winsche isch mir sehnlisch.
Leid eisch so vill am Chrisdus seinem Wille,
es leid an eisch, dann duun isch ne erfille.

Dääd má die Esel nidd zu Birjermeischder wähle,
dann dääde se ach nidd zum Reide fähle.
Dann je! Gesaddeld unn gesträhld eraus!
Dann reid isch hald uff eisch zum Weiler naus.»
De Birjermeischder, der ziehd nur im Nu
de Knause rin unn gnalld es Finschder zu.

Laschder unn Tuuchend
Laster und Tugend

Es is e nei Brigg gebaud iwwer die Saa.
Noch is se gesperrd, weil es is hald nidd klaa,
ob se halld, wie gemäänerhand Brigge das solle,
wenn die gans schwäre Laschder mòò driwwer rolle.

Das heerd de Deschand, denne nenn isch nur 'X'.
Weil: Sei rischdischer Name duud zu der Sach nix.
Kaum hann se's Problem demm mòò vòrgetraa,
melld der sisch zu Word unn had vòrgeschlaa:

«Die Laschder sinn mei Fach, dann wär's doch wohl's Beschde,
má dääde das Bauwerg mid Tuuchende teschde.
Unn wo is die allergreeschd Tuuchend se finne?
Doch bei de Paschdore ihre Haushälderinne!

Die sammle má ringsrum in all Dekanade
odder landesweid in, das dääd aach nix schade.
Unn sinn se vásammeld, villeischd ham'má Gligg
unn krien se midnanner all uff die nei Brigg.

Egal, wie's dann kummd: Halld se's aus? Gebbd's e Knall?
Sei Guddes had das dann uff jede Fall.
Wenn's Bauwerg vun der Laschd nidd instirze dud,
kann das uns beweise: Das Werg, das waa gudd.

Kann awwer ach sinn, im'me Ungligg steggd Gligg:
Falld alles sesamme, die Laschd samd dá Brigg,
zu Huddel unn Fedze, zu Brei, kurz unn klään,
waa's doch wenischdens e 'guddes Werg' gewään.»

E schwazzes Schòòf
Ein schwarzes Schaf

De Parrer machd e klääner Gang
unn treffd e Mann, der is schunn lang
nidd meh in seiner Kirsch gewään.
De Parrer gehd gans souverän

straggs uff ne zu unn schwädzd ne aan,
gans ernschd: «Mei Liewer, isch muss saan:
Es find e jedi Sind ihr Ströòf.
De Himmel duld känn schwazzes Schòòf.

Solld das noch lang so weidergehn,
dann sinn die Folsche gaanidd scheen.
Dann werre mir, ach wenn Se brumme
im Himmel nie sesamme kumme!»

Der Mann denkd gleisch an Hälleflamme,
fahd doodebleisch vòr Schregg sesamme.
Es werd em faschd vòr Aue schwazz,
er stammeld nur der ääne Sadz:

«Herr Parrer, was, in aller Weld,
hann Sie dann Schlimmes aangestelld?»

Zugab

Zugabe

Gradselääds!
Humor heißt, dass man lächelnd trotzt

Predigt innerhalb der Predigtreihe Humor
Johanneskirche Saarbrücken – Citykirche –

Liebe Schwestern und Brüder!
«*Wie niedrig und unkleidsam Gelächter ist, ganz zu schweigen von dem unangenehmen Geräusch, das es hervorruft, und den entsetzlichen Gesichtsverzerrungen, die es verursacht!* ... *Häufiges und lautes Gelächter sind die Kennzeichen für Torheit und schlechte Manieren. Auf diese Weise drückt der Pöbel seine alberne Freude über alberne Dinge aus.*»
So wetterte vor gut 200 Jahren weltmännisch Lord Chesterfield. Gut 2000 Jahre zuvor der Prediger [Pred/Kohelet 7,3]: «*Trauern ist besser als Lachen; denn durch Trauern wird das Herz gebessert.*»
Nun denn: Behaupten hat seine Zeit, den Beweis schuldig bleiben — gab's allezeit.
Passt alles wie die Faust aufs lose Mundwerk zur Predigtreihe «Sehr komisch». Als theologische Bekräftigung könnte man noch beide Wangen zum Abwatschen hinhalten. Um Lachen soll es bekanntlich gehen. Das kommt in der Bibel über zwanzig Mal vor. Sehr viel Hohnlachen, Drohungen, negative Wertungen. Ein sozusagen «normales Lachen» aus Freude, Glück, guter Laune, Erleichterung und dergleichen war zu biblischen Zeiten offenbar nicht möglich, nicht üblich oder wurde missbilligt. Vielleicht wurde damals auch die noch heute geübte Sitte erfunden, zum Lachen in den Keller zu gehen.
Dachte ich zuerst. Dann las ich eine Schüler-Stilblüte – und verstand: «*Die Apostel sprachen von der Einehe als etwas so Selbstverständlichem, dass sie mit keinem Wort erwähnten.*» Sprachlich missglückt, inhaltlich aber in die richtige Richtung weisend. Mit Alltags-Lachen ist es genauso. So selbstverständlich, dass man's gar nicht erst erwähnt.
Die Bibel ist nicht geschrieben als Lachbuch, und Lachen ist nicht

die einzige Lebensäußerung, die kaum erwähnt wird. Das schafft das Problem allerdings nicht aus der Welt. Denn: Es ist alles eitel. Auch dieser Patchworkteppich zwischen Tränen, Lachen und Lächeln unter Tränen. Genäht aus den Flicken Humor, Freude, befreiendes Lachen und Auslachen, Lächeln, Schmunzeln, fröhlich, lustig, komisch (freiwillig und unfreiwillig), lächerlich und lachhaft, Witz und Witze, Ironie, Schlagfertigkeit, Spaß, Spott, Schadenfreude, teuflisches Lachen und Osterlachen über den besiegten Teufel. Plus tausend andere.
Manches fest verzurrt, große Teile auch Untergewebe für kleinere. Anderes nur Fransen oder gar nur lose Wollmäuse. Und tief hinein getrampelt der mitgeschleppte Staub der Jahrtausende und die unlösbaren Kaugummis. Wer wagt da, einfach zum Vergnügen zu lachen?
Trotzig meckert auch noch Friedrich Nietzsche dazwischen: Damit er an unseren Erlöser glauben kann, müssten seine Jünger erlöster aussehen. Erlöster? Ich kann nicht mal mündelsicher aussehen – nach Jahrzehnten in der Bank. Also bitte ein, zwei Nummern kleiner.
Mit Loriot bekenne ich: Ich lach' gerne mal – wenn's passt. Na also! – Ich habe auch nichts gegen «Kirche und Humor» – wenn's passt. Passt es? Trommelwirbel für die Ausrufung des Humors in der Kirche! Schon auf Erden das Reich von Friede, Freude, Eierkuchen!
Eine Frage noch zuvor: Hat Gott Humor?
»Ja«, sagt Pater Browns Vater Chesterton, denn Gott habe den Menschen erschaffen.
Mark Twain hält dagegen: «*Gott schuf den Menschen, weil er vom Affen enttäuscht war. Danach verzichtete er auf weitere Experimente.*» Menschen haben mitunter Glaubenskrisen. Vielleicht hatte Gott eine Humorkrise.

Braucht Gott Humor?
Ändern wir probeweise die Blickrichtung: Wäre Gott ein Mensch, wie würden wir über ihn tratschen? Wir, die Menschen, über ihn,

den Menschen, nach unseren gemeinsamen und eben deshalb gar so heterogenen menschlichen Maßstäben? Ein guter Kerl, gewiss, aber mit Eigenheiten halt! Nicht selten über ihn zu hören: Er sei doch auch mal Besserwisser, Heimzahler, Übelnehmer, Buchhalter, Sadist, Zyniker, Spielverderber oder unberechenbarer Spaßvogel – und Ähnliches.
Humor wäre da allenfalls eine euphemistische Rückzugsfloskel und schon mehr als fragwürdig, wenn Gott Mensch wäre. Aber Gott ist Gott! Was glauben wir von ihm zu glauben, wenn wir das glauben, was wir im Apostolischen Glaubensbekenntnis als unseren Glauben bekennen?
Der dreieinige Gott:
Erstens: Gott Vater, der Allmächtige, der Schöpfer des Himmels und der Erde.
Zweitens: Jesus Christus, sein auferstandener Sohn, unser Herr, dereinst Richter der Lebenden und der Toten.
Drittens: der Heilige Geist!

Bei diesem Abstand wird auch dem Mutigen unbehaglich. Verständlich der Wunsch: Die gefühlte Distanz zu verkleinern. Was tun? Mühsam Wahrheit suchen oder ihm was andichten? Zeitgemäße Maßnahme: Ein Gottesbild basteln durch Hochrechnung menschlicher Unzulänglichkeiten und Wunschvorstellungen. Allen wohl und niemand weh – alleh hopp, Gott in der Höh!

So nicht! Allzu lockerem Werkeln steht ein sperriges Wort im Wege: [1.Mose 1,26+27]
(26) Gott sprach: «*Lasset uns Menschen machen, ein Bild, das uns gleich sei.* (27) *Und Gott schuf den Menschen zu seinem Bilde, zum Bilde Gottes schuf er ihn.*»
Nicht Gott ist hochzurechnen aus unserem Wissen, das Stückwerk bleibt. Nein, das rechte Menschenbild wäre von Gott her herunterzurechnen.
Eine Gleichung mit unendlich vielen Unbekannten, und das Ergebnis ist danach. Sicher ist nur: Wir Menschen teilen besten-

falls abgestufte Mittelmäßigkeit miteinander. Lassen Tag für Tag tausenderlei Krumm gerade sein und versuchen in kollektiver Beschränktheit ein bisschen Glaube, Hoffnung und Liebe – vielleicht.
Gott aber ist Liebe, allumfassende, unbegreifliche, unverdiente Liebe. Und da sollte er auch noch auf Humor angewiesen sein? Lachhaft! Ein Menschengedanke, der den Wunsch zum Stiefvater hat. Wenn Humor jemandem hilft, dann uns Menschen: als Lückenkitt zwischen Gottes Entwurf und uns, dem mäßig ähnlichen Bildnis mit freiem Willen.
Um uns unser kollektives Unvermögen erträglicher zu machen, schenkt Gott uns – nein, nicht den Humor, das zeigt die Erfahrung, nur die Fähigkeit dazu – aber das ist viel. Dieser Humor entfaltet sich zwangsläufig nicht im Umgang mit Gott, sondern im Umgang mit unseren lieben Mitmenschen. Ganz besonders an Orten, wo es den Kontrast gibt zwischen hohem Anspruch und menschelnder Wirklichkeit. Zum Beispiel in der Kirche.
Einen Vogel hat jeder Mensch. Nur Leute in der Kirche und ihrem Umfeld neigen zu der Annahme, ihr Vogel sei der Heilige Geist.

* Hier gab es im Gottesdienst ein musikalisches Zwischenspiel *

Der nachfolgende Mundart-Teil der Predigt ist ab Seite 116 in Hochdeutsch zu lesen.

Gradselääds! Vòòreweg gesaad: Es kann in dá Kirsch rischdisch klòòr sinn.
Wie de Paschdor sellemòòls bei uns zu Weihnachde gelääs had: «*Sie windelte ihn in Wicken.*», dòò bleiwe die wenischde gans ernschd. Obwohl: Rischdisch gelachd had aach känner. Wenn isch mir uff de Altaa'stufe uff de Talaa tabbe, sinn die Mundwinggel widder unne, bis isch misch rumdrähje.
Vázehld die Parrerin e Widz, zum Uffloggere, weil aus dá Bibel mòò widder e wenischer luschdischi Stell draan waa, is Lache sogaa erwinschd. Das machd dann gleisch die froh Bodschafd sympadischer.
Ironie allerdings werd schnell zum Eierdans. Birschd de Prädikand die Predischd e bisje geje de Strisch, dass se nidd grad so gladd erunner rudschd, is die Ironie ofd so zaad, dass se gans unnergehd odder forr bari Mins geholl werd. Odder er schlaad mid dá Sauboll rin unn halld noch e Schild hoch: «Vorsicht! Ironie!». Dann awwer is es känni. Iwwerall Fallstrigge unn Missváständnisse! Wie má's machd, is'es vákehrd.
Selbschd wem'má daachelang in ääner Tour Kirschewidze vázehld iwwer Relischjon unn Glawe, Scheinheilischkääd unn Goddes Boddempersonal, das wär schunn klòòr, wenischdens bevòr's langweilisch werd. Awwer beweise dääd's nur: Solang's Mensche gebbd, kannsch'e Widze iwwer alles mache, gudde unn schleschde.
Als Insider gehd má am beschde de Middelwääsch unn leed sisch nidd feschd. Dann saad má, halb nòò drin, halb nòò draus, ebbes Floddes iwwer unn geje die Kirsch. Beispiel: Es Schiff, wo sisch Gemeinde nennd, muss tadsäschlisch e Schiff sinn. Es werd nämlisch vun lauder Niede sesamme gehall. Ha-ha-ha! So Teen kumme meischdens gudd aan:
Eerschdens: Iwwerhaubd unn sowiso.
Zwäddens: Klingd pro forma e bisje wie Selbschdkridig.
Driddens: Má muss nidd jedem uff die Nas binne, dass má eijendlisch die annere dòò drin männd.
Unn virdens: Aus lauder Bescheidehääd behalld má firr sisch, dass

má sisch selbschd ehjer forr e Eggstään hald. Gudd: Zu was brauch e Schiff e Eggstään? Heegschens als Ballaschd. Unn e volli Ladung ingebillde Eggstään erleischderd ach noch de Unnergang.

Gradselääds! Awwer egal wie: Isch vámisse de Humor in dá Kirsch. Ofd jedefalls – odder wenischdens manschmòò. Isch genn awwer ach zu: Isch vámisse Humor iwwerhaubd. Uff dá Poschd zum Beispiel. Dòò werd so wenisch gelachd wie bei dá Eisebahn. Im Getränggemaagd. In dá Schuhabteilung vum PK. Selbschd zu uns in die Bank kumme die Wenischde exdra forr se lache.

Unn unser Bahnhofstròòs mid all denne herrlische Frehlischkääds'stifder: bunde Schaufinschder unn elegtronischi Duddelmusigg unn Lischder unn Bistro, Dròhdstihl, kombjudergesteierder Kunschdbrunne, aangebunnene Bääm, Stròòsemusikande!?
– Gugg in die Gesischder: Drei Daa Räänwedder is e Dregg degeje.
Sogaa de Brezelmann ziehd e Flensch, wo 'me preisische Kansleivòrstand Ehr gemachd hädd. Dòò vámisd awwer ach nimmand Humor unn Frohsinn. Odder gehd dòò irjend jemand nim'meh hin, weil so wenisch gelachd werd? Gans im Gejedääl. E gudd Dääl Leid schaffd draan, dass es noch miesepedrischer werd.

Beispiel: E Schlang vòr dá Kass. So weid es Au sidd – ääni Bedienung. Die soll in dreisisch Segunne fuffzehn Leid abkassiere unn näwebei erkläre, in welschem Regal Haudlotion se finne is, ob's «das dòò» ach in rood gebbd, ob má die Unnerbuxe koche kann unn ob das silwerne Nixelsche, wo vòr drei Wuche mòò in dá Auslaach waa, schunn vákaaf is. Dòò kinnd sisch Humor rischdisch frehlisch ausdowe – unn bringe dääd's was.

Awwer männsch'e, dòò lachd änner? Ach was, lauder Trodz- unn Muffkäbbscher. Dòò bringd känn äänsischer de Humor sesamme, forr se saan: Ei klaa, Geiz, so geil wie'á is, had hald aach sei Preis: Es gebbd känn Personal meh. Unn das ach weje mir! Weil isch's billisch unn noch billischer hann will! Isch ham'misch selbschd betubbd. Awwer: Nix dòòdevun! De wiidisch-wuchdischwahnsinnische Trodz in de Aue, werd mi'm Fiisje uffgestumbd: Isch will das awwer nidd! Isch bumbe sauer vádiende ään Euro fuffzisch in die Wirdschafd, jedz had sisch alles um misch se drähje. Geschull werd wie e Rohrspadz, alles uff die Klääne. Bleibd wenischdens der Spass: Má kann billisch de Mollee mache, bevòr má selwer nom'mòò geträäd werd. Forr mei Geld werr'isch jòò wohl válange dirfe...! Gradselääds! Ei jòò! Válang du nur! Sischd jòò, was rauskummd debei.

Genauso kannsch'e forr dei Geld ach Humor in dá Kirsch válange. Das geheerd in de Dienschdleischdungskadalooch eninn. Nidd immer so ernschd unn steif. De alde Jammer: Nimmand kidzeld misch, dass isch mòò lache kinnd: Isch hann schunn so vill geschull iwwer die Zustänn! Isch hann die Pänns dord schunn dermaase gesenggeld! Isch ham'misch jòhrelang nidd bligge geloss! Isch hann sogaa schunn mid Austridd gedrohd! Männsch'e, die Kirsch wär dòòdevun frehlischer worr? Nix! So ebbes Stures awwer ach! Unn das nennd sisch Chrischde! Das nennd sisch erleesd unn froh Bodschafd! Geh'má doch furd!
So äänfach is das! So äänfach wär das, wenn's so äänfach wär! Awwer so äänfach is'es nidd.
Im Lade bisch'e noch Keenisch Kunde – vòr da Teeg. In dá Kirsch stehsch'e sosesaan hinner dá Teeg. Du bisch die Kirsch – mid de annere sesamme. Wenn die Kirsch so is, wie se is, dann is'se ach desweje so, weil du bischd, wie de bischd.
Unn solang du so bleibschd, kannsch'e – nòò all deinem Meggere unn Válange – mid deiner Kirsch siehn, wo de bleibschd. Gradselääds! Es is so e herrlischi Vòrstellung, das «Priestertum der Gläubigen». So e groosi Berufung – unn fangd aan mid so läbbische Kläänischkääde.
Matthäus 7 Vers 12: «*Alles nun, was ihr wollt, dass euch die Leute tun sollen, das tut ihnen auch!*»
Unn zwaa vòrhär! Nidd als Absischdserklärung, nidd knaad-

schisch als Gejeleischdung, wenn's gaanim'meh annaschd gehd. Wenn Kirsch dòò is, forr Träne absewische unn Leid uffseheidere, geheere die meischde meischdens zum Personal.

Das heischd: Lieb dei Näägschder wie disch selbschd. Also eerschd mòò disch selwer gäär hann. Dann dei Näägschder gäär hann. Dann kannsch'e, nää, nidd válange, awwer hoffe, dass er disch aach gäär hadd. Unn wenn nidd, dann soll'á disch hald gäär hann! Dòò musch'e dursch. Gradselääds! Wenn's disch noch so fuchsd: Die Weld werd nidd besser, wenn du aus dá Haud fahschd. Bleib logger! Unn wenn de innerlisch am Pladze bischd! Behall dei Humor, unn sedz ne in – mid Herz unn Vástand. Zei ruisch dei Zähn, awwer indemm de läschelschd.
Weil: Uff jede Fall mòò is'es scheen chrisdlisch.

Unn: Zudemm gebbd's villeischd noch e Belohnung exdra, unn der Anner ärjerd sisch noch vill meh wie du.
Ään Gefah musch'e inkalguliere: Es kann dá passiere, dass má disch zum komische Heilische erklärd. Läschel driwwer. Gradselääds! Weil, mòò gans ehrlisch: Heilisch sinn unn nidd komisch wirge uff die annere, wo nidd heilisch sinn, dass gehd sowieso heegschens, wenn de dood bischd.
Näwebei: Solang má lääbd, had's noch kännem geschad, wenn'á reeschelmääsisch iwwer sisch selwer lachd. E dankbareres Objekt finnd sisch sowiso nidd all Naslang. Lach nur! Werschd schunn siehn, was de haschd devun.

Unn die Kirsch? Brauch die Kirsch Lache? Schwär vòrsestelle, dass es ohne gehd, wenn sisch alles so himmelsmääsisch freid.
Vòrschlaach vum Hanns Dieter Hüsch: «*Wenn Se lachen müssen, dann lachen Se ruhig. Und wenn Se nicht lachen können, dann lassen Se's sein.*»

Brauch die Kirsch Komigg? Ach was! Gebrauchd had'se die noch nie. Had se awwer immer ungefròòd dezu kridd. Wie e babbisch Gudzje am Bään. Weil: Komigg stelld sisch vun selwer in, wo so Mensche midnanner umgehn.

Brauch die Kirsch Humor? Nää! Brauch'se nidd! Odder besser: Jein!! Brauch se nidd, wenn sie unn all ihr Glieder, die Lieb uffbringe, die in Johannes 13 Vers 34 stehd: «*Ein neues Gebot gebe ich euch, dass ihr euch untereinander liebt, wie ich euch geliebt habe, damit auch ihr einander liebhabt.*» Ob dòò dann Humor debei is, was soll das schunn forr e Roll spiele! Awwer wie is'es: Ham'má uns unnernanner so lieb? Unn traa'má die Lieb in die Weld? Dòòdruff muss'isch doch wohl känn Andword genn?

Also: Solang die groos Lieb noch nidd ausgebroch is, bleibd Humor e wunnerscheenes Hilfsmiddel, uff'em Wääsch dòòhin vorransekumme. Humor helfd em äänselne Mensch, weil'á'm helfd, Lääd unn Laschde se traan.

Humor helfd uns all midnanner, wenn die Stärgere uff die Schwäche vun de Annere nidd reagiere mid Druffhaue, sondern, wie's dá Sach aangemess is, e Au zudrigge odder rischdisch vázeihje, wo's gehd ach mid Humor.

So passd das uff de 1. Petrusbrief Kabidel 4 Vers 10: «*Dient einander, ein jeder mit der Gabe, die er empfangen hat, als die guten Haushalter der mancherlei Gnade Gottes.*» Awwer: Loss disch nidd abschregge, wenn dei Geje'iwwer begabd is mid Kodzbroggischkääd, Wischdischduu'erei odder Bierernschd. Jeder had hald sei Stärge.

Ach Humor is e Goddesgab unn allään schunn desweje nidd iwwerall gleisch vádääld. Villeischd stelld sisch so nòò unn nòò eraus, dass geläābder Humor e meeschlischer Bestand'dääl is vun dá Lieb. Wer wääs!? So weid, so gudd. Unn zu was werd dann noch Trodz gebrauchd?
Sie wisse: Gradselääds! Humor heißt, dass man lächelnd trotzt. Nidd nur. Awwer iwwerall dòò, wo's weider helfd.

Wie in Lied 395 – «Jesu meine Freude» :
*Trotz dem alten Drachen,
Trotz dem Todesrachen,
Trotz der Furcht dazu!
Tobe, Welt, und springe;
ich steh hier und singe
in gar sichrer Ruh.
Gottes Macht hält mich in acht,
Erd und Abgrund muss verstummen,
ob sie noch so brummen.*

Gudd gesaad. Awwer der alde Drache lauerd iwwerall. Der gebbd jòò nidd kamflos uff. Gans schaffe aus eischner Krafd werre má's nie. Deshalb heischd's: Wachsam sinn, gradselääds! Unn das in eerschder Linie ach sisch selbschd geje'iwwer. Nie sisch inbille, má hädd's schunn unn dääd driwwer stehn. Läschle unn trodze. Unn dòòbei nidd allsevill Respekd hann vòr wischdische unn inngebilld wischdische Leid. Niddmòò vòr sisch selwer.

Kenne Se iwwrischens das Trodzgeschischdsche vun demm Gaschdpredischer unn em Kischder? Der Gaschdpredischer waa rischdisch in Fahd kumm unn had känn Enn gefunn. Die Leid sinn uff em Steis rumgerudschd, hann uff die Uhr geguggd unn mid de Fiis gescherrd. Nòò'rá Stunn had sisch de Kischder e Herz gefassd unn had in Nodwehr die Glogge gelaid. De Gaschdpredischer is uffgeschreggd, had noch schnell was getuddeld, sei Blädder uffgeraffd unn is wiidisch wie e Hund in die Sakrisdei.

«Sie!! Wie können Sie es wagen, einfach zu läuten??!» – «Herr Gaschdpredischer,» had de Kischder gesaad, *«die Predischd waa schunn lang erum, unn Sie ware immer noch draan. Dòò is má nix anneres iwwerisch geblieb.»*

Unn dòòzu had'á geläscheld. Gradselääds!

115

Übertragung des Mundartteils:

Gradselääds! – Nun gerade! Vorweg gesagt:
Es kann in der Kirche richtig nett und lustig sein.
Als der Pastor damals bei uns zu Weihnachten las: «*Sie windelte ihn in Wicken*», da blieben die wenigsten ganz ernst.
Obwohl: Richtig gelacht hat auch keiner.
Wenn ich mir auf den Altarstufen auf den Talar trete, sind die Mundwinkel wieder unten, bis ich mich umdrehe.
Erzählt die Pfarrerin einen Witz zum Auflockern, weil aus der Bibel mal wieder eine weniger lustige Stelle dran war, ist Lachen sogar erwünscht. Das macht dann gleich die frohe Botschaft sympathischer.
Ironie allerdings wird schnell zum Eiertanz. Bürstet der Prädikant die Predigt ein bisschen gegen den Strich, dass sie nicht ganz so glatt runter rutscht, ist die Ironie oft so zart, dass sie ganz untergeht oder für bare Münze genommen wird. Oder er übertreibt so, dass es jeder bemerken muss, und hält noch ein Schild hoch: «Vorsicht! Ironie!». Dann aber ist es keine. Überall Fallstricke und Missverständnisse! Wie man's macht, ist es verkehrt.
Selbst wenn man tagelang in einer Tour Kirchenwitze erzählt über Religion und Glauben, Scheinheiligkeit und Gottes Bodenpersonal, das wäre schon lustig, wenigstens bevor es langweilig wird, aber es bewiese nur: Solange es Menschen gibt, kann man Witze über alles machen, gute und schlechte.
Als Insider geht man am besten den Mittelweg und legt sich nicht fest. Dann sagt man, halb nach drinnen, halb nach draußen, etwas Flottes über und gegen die Kirche. Beispiel: Das Schiff, das sich Gemeinde nennt, muss tatsächlich ein Schiff sein. Es wird nämlich von lauter Nieten zusammengehalten. Ha-ha-ha! Solche Töne kommen meistens gut an:
Erstens: Überhaupt und sowieso.
Zweitens: Klingt pro forma ein wenig wie Selbstkritik.
Drittens: Man muss nicht jedem auf die Nase binden, dass man eigentlich die anderen da drinnen meint.
Und viertens: Aus lauter Bescheidenheit behält man für sich, dass man sich selbst eher für einen Eckstein hält.

Andererseits: Wozu braucht ein Schiff einen Eckstein? Höchstens als Ballast. Und eine volle Ladung eingebildeter Ecksteine erleichtert auch noch den Untergang.

Gradselääds! – Nun gerade! Aber wie immer man es sieht: Ich vermisse den Humor in der Kirche. Oft jedenfalls – oder wenigstens manchmal. Ich gebe aber auch zu: Ich vermisse Humor überhaupt. Auf der Post zum Beispiel. Da wird so wenig gelacht wie bei der Eisenbahn. Im Getränkemarkt. In der Schuhabteilung im Kaufhof. Selbst zu uns in die Bank kommen die wenigsten eigens um zu lachen.

Und unsere Bahnhofstraße mit all den herrlichen Fröhlichkeitsstiftern: bunte Schaufenster und elektronische Dudelmusik und Lichter und Bistros, Drahtstühle, computergesteuerter Kunstbrunnen, angebundene Bäume, Straßenmusikanten!? — Schau in die Gesichter: Drei Tage Regenwetter ist ein Dreck dagegen.

Sogar der Brezelmann zieht ein unfreundliches Gesicht, das einem preußischen Kanzleivorstand Ehre gemacht hätte. Dort vermisst aber auch niemand Humor und Frohsinn. Oder geht dort irgend jemand nicht mehr hin, weil so wenig gelacht wird? Ganz im Gegenteil. Eine ganze Menge Leute arbeitet daran, dass es noch miesepetriger wird.

Beispiel: Eine Schlange vor der Kasse. So weit das Auge sieht – eine Bedienung. Die soll in dreißig Sekunden fünfzehn Leute abkassieren und nebenbei erklären, in welchem Regal Hautlotion zu finden ist, ob es «das da» auch in rot gibt, ob man die Unterhosen kochen kann und ob das silberne Nichts, das vor drei Wochen mal in der Auslage war, schon verkauft ist. Da könnte sich Humor richtig fröhlich austoben – und das hätte sogar eine positive Wirkung.

Aber glaubst du, da lacht einer? Ach was, lauter Trotz- und Muffköpfchen. Da bringt kein Einziger den Humor zusammen, um zu sagen: Na klar, Geiz, so geil er ist, hat halt auch seinen Preis: Es gibt kein Personal mehr. Und das auch meinetwegen! Weil ich es billig und noch billiger haben will! Ich habe mich selbst betrogen. Aber: Nichts dergleichen! Mit dem wütend-wuchtig-wahnsinnigen Trotz in den Augen wird mit dem Füßchen aufgestampft: Ich will das aber nicht! Ich pumpe sauer verdiente ein Euro fünfzig in die Wirtschaft, jetzt hat sich alles um mich zu drehen! Geschimpft wird wie ein Rohrspatz, alles auf die Kleinen. So bleibt doch wenigstens dieser Spaß: Man kann billig den *dicken Willem* markieren, bevor man selbst wieder getreten wird. Für mein Geld werde ich doch wohl verlangen dürfen...! Gradselääds! – Nun gerade! Aber sicher! Verlang du nur! Du siehst ja, was dabei rauskommt.

Genauso gut kannst du für dein Geld auch Humor in der Kirche verlangen. Das gehört in den Dienstleistungskatalog. Nicht immer so ernst und steif! Der alte Jammer: Niemand kitzelt mich, dass ich mal lachen könnte. Ich habe schon so viel geschimpft über diese Zustände! Ich habe die Säcke dort schon dermaßen zurechtgestutzt! Ich habe mich jahrelang nicht blicken lassen! Ich habe sogar schon mit Austritt gedroht! Meinst du, die Kirche wäre dadurch fröhlicher geworden? Nichts davon! So etwas Stures aber auch! Und so was nennt sich Christen! Das nennt sich erlöst und frohe Botschaft! Bleib mir doch vom Hals damit! So einfach ist das! So einfach wäre das, wenn's so einfach wäre! Aber so einfach ist es nicht.
Im Laden bist du noch König Kunde – vor der Theke. In der Kirche stehst du sozusagen hinter der Theke. Du bist die Kirche – mit den anderen zusammen. Wenn die Kirche so ist, wie sie ist, dann ist sie auch deswegen so, weil du bist, wie du bist.
Und solange du so bleibst, kannst du – nach all deinem Meckern und Verlangen – mit deiner Kirche sehen, wo du bleibst. Gradselääds! – Nun gerade! Es ist so eine herrliche Vorstellung, das «Priestertum der Gläubigen». So eine große Berufung – und das beginnt mit so läppischen Kleinigkeiten.

Matthäus 7 Vers 12: «*Alles nun, was ihr wollt, dass euch die Leute tun sollen, das tut ihnen auch!*»
Und zwar zuvor! Nicht als Absichtserklärung, nicht verdrossen als Gegenleistung, wenn's gar nicht mehr anders geht. Wenn Kirche da ist, um Tränen abzuwischen und Leute aufzuheitern, gehören die meisten meistens zum Personal.

Das heißt: Liebe deinen Nächsten wie dich selbst.
Also erst mal dich selbst lieben.
Dann deinen Nächsten lieben.
Dann kannst du, nein, nicht verlangen, aber hoffen, dass er dich auch gern hat. Und wenn nicht, dann soll er dich halt «gern haben»! Da musst du durch. Gradselääds! – Nun gerade! Wenn's dich noch so fuchst: Die Welt wird nicht besser, wenn du aus der Haut fährst. Bleib locker! Und wenn du innerlich «am Platzen» bist! Behalte deinen Humor, und setze ihn ein – mit Herz und Verstand. Zeige ruhig deine Zähne, aber indem du lächelst.
Denn: Auf jeden Fall ist es schön christlich.

Und: Zudem gibt's vielleicht noch eine Belohnung extra, und der Andere ärgert sich noch viel mehr als du.
Eine Gefahr musst du einkalkulieren: Es kann dir passieren, dass man dich zum komischen Heiligen erklärt. Lächle darüber. Gradselääds! – Nun gerade! Denn, mal ganz ehrlich gesagt: Heilig sein und nicht komisch wirken auf die anderen, die nicht heilig sind, das geht sowieso höchstens, wenn du tot bist.
Nebenbei bemerkt: Solange man lebt, hat's noch keinem geschadet, wenn er regelmäßig über sich selber lacht. Ein dankbareres Objekt findet sich sowieso nicht an jeder Ecke. Lach nur! Du wirst schon sehen, was du davon hast.
Und die Kirche? Braucht die Kirche das Lachen? Schwer vorstellbar, dass es ohne geht, wenn sich alles so himmelsmäßig freut.
Vorschlag von Hanns Dieter Hüsch: «*Wenn Sie lachen müssen, dann lachen Sie ruhig. Und wenn Sie nicht lachen können, dann lassen Sie's sein.*»

Braucht die Kirche Komik? Ach was! Gebraucht hat sie die noch nie. Hat sie aber immer ungefragt als Zugabe bekommen. Wie ein klebriges Bonbon am Bein. Denn: Komik stellt sich von selbst ein, wo solche Menschen miteinander umgehen.

Braucht die Kirche Humor? Nein! Braucht sie nicht! Oder besser: Jein! Braucht sie nicht, wenn sie und alle ihre Glieder die Liebe aufbringen, die in Johannes 13 Vers 34 steht: «*Ein neues Gebot gebe ich euch, dass ihr euch untereinander liebt, wie ich euch geliebt habe, damit auch ihr einander liebhabt.*» Ob dann Humor dabei ist, welche Rolle sollte das schon spielen! Aber wie ist es: Haben wir uns untereinander so lieb? Und tragen wir die Liebe in die Welt? Darauf muss ich doch wohl keine Antwort geben?

Also: Solange die große Liebe noch nicht ausgebrochen ist, bleibt Humor ein wunderschönes Hilfsmittel, auf dem Weg nach dort voranzukommen. Humor hilft dem einzelnen Menschen, weil er ihm hilft, Leid und Lasten zu (er)tragen.
Humor hilft uns allen miteinander, wenn die Stärkeren auf die Schwäche(n) der anderen nicht reagieren mit Draufhauen, sondern, wie's der Sache angemessen ist: Ein Auge zudrücken oder richtig verzeihen, wo es geht, auch mit Humor.
So passt das zum 1. Petrusbrief Kapitel 4 Vers 10: «*Dient einander, ein jeder mit der Gabe, die er empfangen hat, als die guten Haushalter der mancherlei Gnade Gottes.*» Lass dich nicht abschrecken, wenn dein Gegenüber begabt ist mit Kotzbrockigkeit, Wichtigtuerei oder Bierernst. Jeder hat halt seine eigenen Stärken.

Auch Humor ist eine Gottesgabe und allein schon deswegen nicht überall gleich verteilt. Vielleicht stellt sich so nach und nach heraus, dass gelebter Humor ein möglicher Bestandteil der Liebe ist. Wer weiß!? So weit, so gut. Und wozu wird dann noch Trotz gebraucht?
Sie wissen: Gradselääds! – Nun gerade! Humor heißt, dass man lächelnd trotzt. Nicht nur. Aber überall da, wo's weiter hilft.

Wie in Lied 395 – «Jesu meine Freude» :
Trotz dem alten Drachen,
Trotz dem Todesrachen,
Trotz der Furcht dazu!
Tobe, Welt, und springe;
ich steh hier und singe
in gar sichrer Ruh.
Gottes Macht hält mich in acht,
Erd und Abgrund muss verstummen,
ob sie noch so brummen.

Gut gesagt. Aber der alte Drache lauert überall. Der gibt ja nicht kampflos auf. Es ganz allein zu schaffen, aus eigner Kraft, das wird uns nie gelingen. Deshalb heißt es: Wachsam sein! Gradselääds! – Nun gerade! Und das in erster Linie auch sich selbst gegenüber. Nie sich einbilden, man hätte es schon geschafft und stünde über den Dingen. Lächeln und trotzen. Und dabei nicht allzu viel Respekt haben vor tatsächlich wichtigen und in ihrer Einbildung wichtigen Leuten. Nicht einmal vor sich selber.

Kennen Sie übrigens das Trotzgeschichtchen von dem Gastprediger und dem Küster? Der Gastprediger war richtig in Fahrt gekommen und fand kein Ende. Die Leute rutschten auf dem Steiß hin und her, schauten auf die Uhr und scharrten mit den Füßen. Nach einer Stunde fasste sich der Küster ein Herz und läutete in Notwehr die Glocken. Der aufgeschreckte Gastprediger stammelte noch schnell etwas, raffte seine Blätter zusammen und stürmte wütend in die Sakristei.

«*Sie!! Wie können Sie es wagen, einfach zu läuten??!*» «*Herr Gastprediger,*» sagte der Küster, «*die Predigt war schon lange um, und Sie waren immer noch dabei. Da blieb mir nichts anderes übrig.*»
Und dazu lächelte er. Gradselääds! – Nun gerade!

Aanhang

Anhang

Glossar kirchlicher Begriffe

Glossar Mundartbegriffe

Glossar kirchlicher Begriffe

Diese Auflistung kann und soll kein Nachschlagewerk ersetzen sondern lediglich Begriffe aus dem Text kurz erläutern. Erschöpfende Präzision kann daher nicht garantiert werden. Die Definitionen orientieren sich überwiegend, teils wörtlich, teils sinngemäß an *Wikipedia - Die freie Enzyklopädie*.

Abd->Abt

Vorsteher eines->Klosters

aboschdolisch (Sukzession)->Apostolische Sukzession

Katholische Sicht: Von den Aposteln ging die Bischofsweihe durch eine ununterbrochene Weihekette weiter bis heute. Dies legitimiert das heutige Bischofsamt und die durch die Bischöfe vorgenommenen Priesterweihen.
Diese Legitimation fehlt den Kirchen der Reformation, die folgerichtig keine Kirchen sind, sondern, kirchenamtlich katholisch, nur „kirchliche Gemeinschaften" (die das selbst freilich völlig anders sehen).

andersgläubisch->andersgläubig

Sammelbezeichnung für Muslime, Buddhisten, Atheisten, Protestanten und alles sonstige Nicht-Katholische.
Wahlmöglichkeit in einem kirchlichen Personalbogen im Bistum Trier: *„Bekenntnis des Ehepartners: katholisch / andersgläubig".*

beischde->beichten

s.a.: Beischd, Beischdgeheimnis, Beischdkind, Beischdstuhl ->Beichte, Beichtgeheimnis, Beichtkind, Beichtstuhl

Kath.:Das Beichtkind beichtet dem Beichtvater mündlich, früher fast immer im Beichtstuhl, eine schuldhafte Verfehlung. Voraussetzung: Gewissenserforschung, Reue, guter Vorsatz, Bekenntnis und Wiedergutmachung.

Ev.: Auch Martin Luthers Kleiner und Großer Katechismus enthalten die Beichte. Luther hat also nicht die Beichte abgeschafft, sondern den Beichtzwang.

Ev./Kath.: Das Beichtgeheimnis, also die Pflicht zur absoluten Verschwiegenheit gilt in beiden Kirchen gleichermaßen.

biise->büßen

s.a.: Buus, Buuspredischd->Buße, Bußpredigt

Buße ist die Umkehr zu Gott, von dem der Mensch sich durch die Sünde entfernt hat. Im allgemeinen Sprachgebrauch ist Buße eine von außen auferlegte Strafe.

Bischof

s.a.: Bischeef, Bischofsstadd->Bischöfe, Bischofsstadt

Ein Bischof hat die geistliche und administrative Leitung eines Gebietes.

Kath.: Bischof kann ein Mann werden, der zuvor zum Diakon und dann zum Priester geweiht wurde. Zum Bischof weiht ihn ein anderer Bischof.

Ev.: An der Spitze einer Landeskirche kann der (Landes-)Bischof bzw. die (Landes-)Bischöfin stehen. Meine Evangelische Kirche im Rheinland hat stattdessen den Präses, die Pfälzische Kirche den Kirchenpräsidenten.

Boddempersonal->Bodenpersonal

Gottes Bodenpersonal, ein wohl in den 60er Jahren (in Anlehnung an die aus dem Flugverkehr bekannte Berufsgruppe) aufgekommene, inzwischen deutlich abgenutzte, nicht-amtliche scherzhafte Bezeichnung für den in Gottes Diensten stehenden irdischen Personenkreis.

Brewier->Brevier

Kath.: Das Brevier (lat. brevis, „kurz") enthält die Texte des Stundengebets.

Chrlsd (auch Chrischd möglich)->Christ

s.a.: chrisdlisch, Chrisdus->christlich, Christus

Deschand, Dekan->Dechant, Dekan

s.a.: Dekanad(e)->Dekanat(e)

Kath.: Vorsteher einer Gruppe von Priestern mit Aufgaben der Aufsicht und Koordination in einem bestimmten Gebiet, dem Dekanat.

Ev.: In der Pfalz ist der Dekan der Pfarrer an der Spitze des Dekanats. Im Rheinland entspricht dies in etwa dem Superintendenten und seinem Kirchenkreis.

Diakon

Kath.: Die Weihe zum Diakon ist die erste der drei Stufen des Weihesakraments (vor Priester- und Bischofsamt). Seit dem Konzil (1962–1965) gibt es als eigenständiges Amt den Ständigen Diakon. Er übernimmt einen Teil der priesterlichen Aufgaben. Werden Verheiratete zu Diakonen geweiht, werden sie für die Dauer der bestehenden Ehe vom Zölibat freigestellt.

Ev.: Ursprünglich sorgten Diakone bzw. Diakonissen für Arme, Bedürftige und Kranke. Heute kommen u.a. Sozial- und Bildungsarbeit, pflegerische und erzieherische Tätigkeiten, Seelsorge und Beratung hinzu.

Dischgebeed->Tischgebet

Das Tischgebet ist ein Segen über die Speisen sowie ein Dank, der zu Beginn, seltener auch am Ende einer Mahlzeit, an Gott gerichtet wird.

Dom

Dome (von lateinisch domus „Haus") sind große Kirchengebäude. Nicht jeder Dom ist oder war eine Kathedrale. Manche werden aus historischen Gründen so genannt, andere allein wegen ihrer Größe; die meisten wurden als Bischofskirche (Kathedrale) erbaut oder nachträglich dazu erhoben.

Erzbischof

Kath.: Dieser ->Bischof steht einer Diözese vor, die Erzbistum ist.

Evangeele->Evangele

Slang für evangelischer Christ – Pendant zu -> Kadoole/Kathole.

evangelisch

Die Kirchen der Reformation wollen mit der Beschreibung „evangelisch" klarstellen, dass sie ausschließlich die Bibel als Quelle akzeptieren.

Feminisdin->Feministin

Eine feministische Theologin definierte: „*Emanzipation war gestern, die Zukunft gehört dem Feminismus.*" Die Sammelbezeichnung „Feminismus" kennzeichnet das Aufbegehren gegen die Identifizierung von Frauen als einer den Männern nachgeordnete Gruppe. Feministische Theologie ist eine seit Mitte des 20. Jahrhunderts stark gewordene Richtung der Theologie.

Gebeed->Gebet

Im Gebet (abgeleitet von bitten) spricht der Mensch mit Gott, allein oder in Gemeinschaft, hörbar oder still, frei oder nach vorformuliertem Text.

gebeischd->gebeichtet (in anderem Zusammenhang auch „gebeugt")

siehe beichten

Gebod->Gebot

s.a.: gebod, gebodd->geboten

Die Zehn Gebote (Dekalog), sind eine Reihe von Geboten und Veboten, in denen Gott seinen Willen für das Verhalten gegenüber ihm und den Mitmenschen zusammenfasst. Weitere Gebote von herausgehobener Bedeutung sind z.B. das Gebot der Nächsten- oder gar der Feindesliebe.

Gelibde->Gelübde (nicht verwechseln mit Geliebte)

Gelübde (von „geloben") ist ein feierliches Versprechen, sich an eine Regel oder einen Vorsatz zu halten.

Gemään, Gemeind->Gemeinde

Kirchengemeinde (auch Pfarrgemeinde, Pfarrei, Pfarre, Gemeinde) ist die kleinste Einheit einer Kirche.

Häär: siehe Uus Häär

Heilische, Heilije, Heilje (wechselt von Fall zu Fall)->Heilige

Als Heilige im engeren Sinn angesehen werden als religiös und ethisch vollkommene geltende Menschen, die Gott besonders nahe stehen.

Kath.: Die Heiligenverehrung der katholischen Kirche ist auf Menschen gerichtet, die in einem geregelten Verfahren der Papst für heilig erklärt hat.

Kadoole->Kathole

(Slang für katholischer Christ – Pendant zu ->Evangeele)

Kaplan

Kath.: In den ersten Jahren nach der Weihe ist der Priester in der Regel einem Pfarrer unterstellt und trägt noch keine Alleinverantwortung für eine Pfarrei.

Kirschespaldung->Kirchenspaltung

Bei uns heute am deutlichsten sichtbar ist die Spaltung in die römisch-katholische Kirche einerseits und die evangelischen (protestantischen) Kirchen andererseits, die ihren Anfang nahm mit der Reformation (ab 1517). Der ökumenische Dialog bemüht sich um eine schrittweise Annäherung zwischen den getrennten Kirchen.

Kischder->Küster

Ein Küster richtet die Kirche für Gottesdienste her. Dazu gehören Öffnen und Schließen, Anzünden der Kerzen, Stecken der Liedtafeln, Läuten der Glocken, Vorbereitung der liturgischen Gefäße und Geräte usw.

Klooschder->Kloster

In den bei uns meist katholischen Klöstern leben Mönche oder Nonnen in einer religiös geprägten Lebensweise zusammen. Klostergemeinschaften können allerdings auch protestantisch sein oder (wie *Taizé*) ökumenisch.

Kollegde->Kollekte

Kollekte (von lateinisch: *colligere* „sammeln") ist eine Geldsammlung für kirchliche oder karitative Zwecke, zum Beispiel die Sammlung während eines oder nach einem Gottesdienst in der christlichen Kirche.

Kommunjon->Kommunion

Kath.: Kommunion ist Spendung und Empfang von Brot und Wein, die Leib und Blut Christi repräsentieren.
Mit dem Wort „Kommunion" kann vereinfachend aber kann auch die festlich begangene Erstkommunion gemeint sein.

Ev.: In den evangelischen Kirchen ist die Bezeichnung Abendmahl üblich.

Ev./Kath.: Im Umgang mit Kommunion bzw. Abendmahl gibt es verschiedene Sichtweisen, die selbst innerhalb des Protestantismus zwischen Lutheranern und Reformierten erst in jüngerer Zeit überwunden wurden.
Bei den fortbestehenden Vorbehalten der Katholischen Kirche gegen die Interkommunion spielt das Amtsverständnis eine bedeutende Rolle.

Konfirmand(e)->Konfirmand(en)

Mit der feierlichen Segenshandlung der Konfirmation tritt der Konfirmand / die Konfirmandin ins kirchliche Erwachsenenalter. Er/Sie wird zum voll berechtigten Kirchenmitglied und erneuert in Anknüpfung an die Taufe das damals von Eltern bzw. Paten abgelegte Bekenntnis zum Glauben.

Lewidde->Leviten

Die Leviten, genannt nach dem Stammvater Levi, sind einer der zwölf Stämme Israels. Im biblischen Buch Leviticus (3. Buch Mose) findet sich in Kapitel 26 ab Vers 14 eine Textpassage, die gern zur Vorlage von Strafpredigten genommen wurde. Wahrscheinlich kommt daher die Redewendung „die Leviten lesen".

Lidanei->Litanei

Litanei (griech.: „Bitte, Flehen") ist eine Form des gemeinschaftlichen Gebets, bei der von einem Vorbeter Anrufungen vorgetragen und von der Gemeinde mit einem gleichbleibenden Ruf (zum Beispiel „Erbarme dich unser") beantwortet werden.

mäasisch->mäßig

s.a.: Mäasischkäädsgelibde->Mäßigkeitsgelübde

Messgewänder

Kath.: Diese liturgischen Gewänder werden in der Messe getragen.

Ev.: Die protestantische Amtstracht bei uns besteht meist aus schwarzem Talar mit weißem Beffchen. Vielerorts erlaubt ist auch die weiße Albe mit Stola.

Mönsch(e)->Mönch(e) bzw. weiblich: Nonn(e)->Nonne(n)

Mönche und Nonnen sind asketisch lebende Mitglieder einer Religion, die sich meist auf Lebenszeit in den Dienst ihres Glaubens stellen.

Monsignore

Kath.: Monsignore ist eine formelle Anrede für Inhaber besonderer geistlicher Würden.
Allerdings ist die Anrede Monsignore selbst kein Ehrentitel.

Mose(s)

Nach biblischer Überlieferung führte der Prophet Mose(s) in Gottes Auftrag das Volk der Israeliten in einer vierzig Jahre währenden Wanderung aus der Sklaverei in Ägypten nach Kanaan, das „gelobte Land".

Nimmerlein, St. Nimmerlein

Der Festtag von St. Nimmerlein (von nimmer->niemals) ist der Tag, der nie kommt.
Die Vertröstung darauf dient also dem endlosen Verschieben von irgendwas.

Noah

Noah ist einer der biblischen Stammväter.
Er überlebte die Sintflut, weil Gott ihm den Bau der Arche befohlen hatte, in der er mit seiner Familie und vielen Tieren überlebte und so den Fortbestand von Menschen und Tieren auf der Erde sicherte.

Ökumene

Die Ökumenische Bewegung (von Ökumene, griech. *oikoumene*, „Erdkreis, die ganze bewohnte Erde") ist eine Bewegung von Christen, die eine weltweite Einigung und Zusammenarbeit der verschiedenen christlichen Kirchen anstrebt.
Selbst da, wo wirklich guter Wille besteht, finden sich immer wieder Fallstricke und reichlich Sandkörner, die den Prozess knirschen lassen.

Ordensmänner (Pendant: Ordensfrauen)

Ordensbrüder (Ordensmänner) im weiteren Sinn sind die männlichen Mitglieder einer christlichen Ordensgemeinschaft.

Ornaad->Ornat

Der (Das) Ornat (aus dem lateinischen ornatus = geschmückt), ist die festliche Amtstracht eines Geistlichen.

Pabschd->Papst

Der Papst ist das Oberhaupt der römisch-katholischen Kirche.

Pader->Pater

Pater (lat. „Vater") ist eine Anrede für einen Ordenspriester.

Paff(e)->Pfaffe(n)

Diese ursprünglich „würdevolle" Bezeichnung für katholische Geistliche erhielt seit der Reformation zunehmend eine abfällige Bedeutung.

Parrer(in)->Pfarrer(in)

s.a.: Parrstell, Parrfrau, Parrhaus, Parrei->Pfarrstelle, Pfarrfrau, Pfarrhaus, Pfarrei

Der Pfarrer ist Inhaber einer Pfarrstelle, betraut mit der Leitung von Gottesdiensten, der seelsorglichen Betreuung und i.d.R. auch mit der Leitung einer Kirchengemeinde. In der katholischen Kirche kann nur ein Priester Pfarrer einer Gemeinde sein.
Der Pfarrer wohnt im Pfarrhaus; mit Frau und Familie kommt dies allerdings fast nur in evangelischen Pfarrhäusern vor.

Pfarrei siehe ->Gemään/Gemeinde

Paschdor(e)->Pastor(en) (vgl. hierzu auch Pfarrer)

Pastor (vom kirchenlateinischen *pastor*=Seelenhirte) ist Titelbezeichnung für den Geistlichen einer Gemeinde. Die Verwendung der Begriffe Pastor und Pfarrer scheint sehr stark regional geprägt zu sein. Im Saarland wie in anderen Teil des Rheinlandes ist der Pastor (2. Silbe betont) der katholische Geistliche. Pastor (1. Silbe betont) wird auf der protestantischen Seite kirchenamtlich verwandt, als Anrede wird aber meist Pfarrer verwandt.

Pedersdom->Petersdom

Er ist die größte der Papstbasiliken in Rom, nicht aber die Kathedrale des Bischofs von Rom, dies ist die Lateranbasilika. Der Petersdom ist das Zentrum des unabhängigen Staats der Vatikanstadt.

Pharisäer

Sie waren im antiken Judentum eine besonders glaubensstrenge Gruppierung. Die ihnen zugeschriebene, in den Evangelien zum Teil überbetonte Äußerlichkeit religiöser Ausdrucksformen wurde als Heuchelei negativ pauschalisiert und ging in den deutschen heutigen Sprachgebrauch als Schimpfwort über.

Prädikand(in)->Prädikant(in)

Der evangelische Prädikant (lateinisch *praedicare* = ,predigen'), gelegentlich auch Laienprediger oder, wie früher in der rheinischen Kirche, Predigthelfer genannt, kommt i.d.R. aus einem nicht-theologischen Beruf und übernimmt nach einer theologischen Unterrichtung ehrenamtlich die Aufgaben eines Geistlichen. Er verfasst selbstständig eigene Predigten, er darf innerhalb der evangelisch-landeskirchlichen Gemeinden frei verkündigen und die Sakramente verwalten. Die in der rheinischen Kirche übliche Ordination der Prädikanten ist eine Besonderheit.

Predischd->Predigt

s.a.: predische, Predischer, Predischdplan, Predischddrang
->predigen, Prediger, Predigtplan, Predigtdrang

Predigt (lat. *praedicatio*) im allgemeinen Sinn ist Verkündigung des christlichen Glaubens als Teil des Gottesdienstes.

Ev.: Im evangelischen Gottesdienst nimmt die Predigt eine zentrale Stelle ein. Ihr liegt i.d.R. der Textabschnitt der Bibel zugrunde, den die Perikopenordnung in einem Sechs-Jahres-Rhythmus jedem Sonn- und Feiertag zuordnet.

Kath.: Unterschieden wird nach Predigt, deren Thema freier gewählt werden kann, und Homilie, die sich nach den Lesungen und dem

Evangelium der Messe zu richten hat. Die Predigt bzw. Homilie nimmt in der katholischen Kirche eine zwar wichtige, jedoch dem hl. Messopfer untergeordnete Rolle ein.

Presbyderium, Presbyderjum->Presbyterium - s.a.: Presbyter(in)
Ev.: Die von den Gemeindegliedern gewählten Presbyter(innen) (von griechisch „Älterer") bilden mit Pfarrern zusammen das Presbyterium, das für die Verwaltung, aber auch für geistliche Fragen zuständige Leitungsorgan einer Kirchengemeinde.
Das Presbyterium wählt den Pfarrer und entsendet Abgeordnete in die Kreissynode.

Prieschder->Priester
s.a.: Prieschderweih, Prieschderamd, Prieschderseminaa, Prieschderjöhr, Prieschdertum ->Priesterweihe, Priesteramt, Priesterseminar, Priesterjahr, Priestertum

Kath.: Die Priesterweihe ist die zweite Stufe des dreistufigen Weihesakraments (Diakon, Priester, Bischof).
Durch die Weihe sind diese Geweihten von Gott für immer durch eine besondere Prägung aus den Christgläubigen ausgesondert und von den Laien unterschieden.

Ev.: Die evangelische Theologie beruft sich bei der Ablehnung eines besonderen Priestertums auf das Neue Testament. Ein evangelischer Pastor ist kein Priester. Alle Getauften haben gleichen Anteil am Priestertum Christi (Priestertum der Gläubigen).
Die Ordination der evangelischen Pfarrer bzw. Pastoren gilt als Beauftragung und Segenshandlung, nicht als Sakrament.

Ökumene: Der Gegensatz in der Sicht der kirchlichen Ämter ist heute eines der größten Hindernisse der kirchlichen Einheit.

Prior

In Orden, die keinen Abt kennen, ist der Prior der Vorsteher des Klosters. In Klöstern, die einen Abt als Vorsteher haben, ist der Prior dessen Vertreter.

prodeschdandisch->protestantisch

Umgangssprachlich gelten die Begriffe protestantisch (nach der Wahrnehmung aus römisch-katholischer Sicht) und evangelisch (nach der Selbstwahrnehmung dieser Kirchen und ihrer Gemeindemitglieder) als austauschbar.
Allerdings bezeichnen sich die deutschen in der Tradition der Reformation stehenden Kirchen selbst als „evangelisch" und nicht als „protestantisch".
Lediglich die Evangelische Kirche der Pfalz führt den Zusatz „Protestantische Landeskirche".

Rabbi, Rabbiner

Ein Rabbiner ist ein Funktionsträger in der jüdischen Religion.
Vereinfacht hat der Rabbi in der jüdischen Gemeinde eine dem Pfarrer vergleichbare Stellung.
Dieser religiöse Titel wird von hebräisch *Rav* oder aramäisch *Rabbuni* „Meister, Lehrer" abgeleitet. Andere Bezeichnungen sind auch Rebbe und Lehrmeister.

Rosekrans->Rosenkranz

Ein Rosenkranz ist eine Zähl- oder Gebetskette. Er wird verwendet für das Rosenkranzgebet, das auch selbst kurz als Rosenkranz bezeichnet wird. Der Rosenkranz ist wohl das am weitesten verbreitete katholische Volksgebet.

Sakramend->Sakrament

Ein Sakrament ist ein Ritus, der als sichtbares Zeichen bzw. als sichtbare Handlung eine unsichtbare Wirklichkeit Gottes bewirkt, sie vergegenwärtigt und an ihr Anteil gibt.
Taufe und Abendmahl (Eucharistie, Kommunion) gelten auf evangelischer und katholischer Seite als Sakrament, in der katholischen Kirche kommen hinzu: Firmung, Bußsakrament, Krankensalbung, Sakrament der Weihe in den drei Stufen der Diakon-, Priester- und Bischofsweihe sowie die Ehe.

Sakrisdei->Sakristei

Die Sakristei ist in Kirchen ein Nebenraum, in dem aufbewahrt wird, was für den Gottesdienst benötigt wird.
Sie dient ferner den am Gottesdienst beteiligten Personen (Geistliche usw.) als Vorbereitungs- und Umkleideraum. Betreut wird die Sakristei üblicherweise vom Küster.

Sankd->Sankt

Sankt (St.) ist ein vorangestellter Namenszusatz, der eine Person als Heiligen kennzeichnet.

scheinheilisch->scheinheilig
s.a.: Scheinheilischkääd->Scheinheiligkeit

Scheinheiligkeit bezeichnet ein unreflektiertes, übertrieben frömmelndes, anderen Auffassungen gegenüber intolerantes und scheinbar ganz der Religion gewidmetes Auftreten, das oft nicht mit dem tatsächlichen Denken und Tun in Einklang steht.

selisch->selig (nicht zu verwechseln mit seelisch)

Seligkeit bezeichnet einen dem Menschen - in der Regel erst nach seinem irdischen Tod - erreichbaren Zustand der vollendeten Erlösung bzw. des Heils;
in der katholischen Kirche auch die Vorstufe zur Heiligkeit.

Sind(e)->Sünde(n)
s.a.: Sinder, Sinderin, sindische, Sindefall, Sindeangschd, Sindekenner
->Sünder, Sünderin, sündigen, Sündenfall, Sündenangst, Sündenkenner

Sünde bezeichnet im christlichen Verständnis den unvollkommenen Zustand des von Gott getrennten Menschen und seine falsche Lebensweise.
Sie besteht in einer willentlichen Abkehr von Gottes gutem Willen, im Misstrauen Gott gegenüber, im Zulassen des Bösen oder im Sich-Verführen-Lassen.

Sindfluud -> Sintflut

Das deutsche Wort „Sintflut" ging hervor aus althochdeutsch *sin(t) fluot*, das so viel wie „immerwährende Überschwemmung" bedeutet. Mit „Sünde" hat es also nichts zu tun.
Nach dem biblischen Bericht dauerte die Sintflut ein Jahr und zehn Tage.
Nur Noah, seine Familie und die aufgenommenen Tiere überlebten in der Arche.

Sukzession
siehe->apostolisch

Talaa->Talar

Ev.: Der Talar ist das schwarze weitärmelige, knöchellange Obergewand, das zusammen mit dem weißen Beffchen von Geistlichen (z.B. Pfarrer, in der rheinischen Kirche auch die Prädikanten) getragen wird, dies aber nicht als liturgisches Gewand, sondern Amtskleidung. Mit Zustimmung des Presbyteriums ist evtl. auch die Albe mit Stola zulässig.

Teschdamend->Testament

Im Ursprung (hebr., griech., Lat.) bezeichnet dies den von Gott „verfügten" Bund, den das Volk Israel annahm.
Diese Bedeutung ist gemeint in der Bezeichnung der beiden Teile der christlichen Bibel als Altes Testament und Neues Testament.

Theolooch->Theologe (Christlich)

Theologe wird man durch ein theologisches Studium.
Theologie versteht sich als wissenschaftliche Auseinandersetzung mit den Quellen des Glaubens und der Glaubenspraxis sowie als systematische Analyse und Darstellung des Glaubens.

Tuuchend(e)->Tugend(en)

Allgemein versteht man unter Tugend eine hervorragende Eigenschaft, vorbildliche Haltung oder als wichtig und erstrebenswert geltende Charaktereigenschaft, die eine Person befähigt, das sittlich Gute zu verwirklichen. Gegenteil: Laster

Unkeuschheit

Das Gegenteil „Keuschheit" bezeichnet das Verhalten einer Person, sich vermöge eines erworbenen Schamgefühls oder kraft eines bewussten Grundsatzes schamhaft zu verhalten und das Unschamhafte zu meiden.

Uus Häär->Unser Herr = unser Pastor

Im katholischen moselfränkischen Gebiet früher verbreitete respektvolle Bezeichnung für den Pfarrer.

Wunner->Wunder

s.a.: wunnerbar, Wunnerkrafd->wunderbar; Wunderkraft

Als Wunder im engeren Sinn gilt ein Ereignis in Raum und Zeit, das menschlicher Vernunft und Erfahrung und den Gesetzlichkeiten von Natur und Geschichte scheinbar oder wirklich widerspricht.

Zällner->Zöllner

Der in der Bibel mit dem (->) Pharisäer verglichene Zöllner gehört zu einer Gruppe von Einheimischen, die gesellschaftlich geächtet waren, weil sie mit der römischen Besatzungsmacht kollaborierten und als Steuereintreiber Geld von der Bevölkerung pressten.

Glossar Mundartbegriffe

Wenn Sie sich eingelesen bzw. eingehört haben, brauchen Sie nur das eine oder andere Aha-Erlebnis um zu bemerken: Mein Sabrigger Pladd (Saarbrücker Platt) ist selbst dann gut zu verstehen, wenn Sie nur Hochdeutsch gewohnt sind.
Meine Schreibung habe ich darauf abgestellt, nur dann deutlich vom hochdeutschen Schriftbild abzuweichen, wenn es dadurch zu einer hörbar falschen Aussprache käme (Ausnahme: St und Sp, siehe unten).
Ansonsten bin ich zur Erleichterung des Lesens so dicht wie möglich am gewohnten Schriftbild geblieben.
Wie es richtig klingen muss, hören Sie auf der CD.

1.
Wir scheuen in der Aussprache die harten Konsonanten: Aus K wird oft G, aus P oft B, aus T wird D,
Z kann manchmal wie S. klingen und auch das scharfe ß wird zum weichen s.
Da, wo St und Sp hochdeutsch wie Scht und Schp gesprochen würden, käme bei uns folgerichtig ein Schd und Schb heraus.

2.
Die Umlaute ö und ü werden bei uns zu ä und ee bzw. i und ii. Kommt ein r hinter dem a, wird daraus ein langes aa (wenn kein Konsonant folgt).

3.
Der „ei"-Laut wird oft zum ä oder ää.

4.
Den kurzen a-Laut, der im Hochdeuschen oft aus den Buchstaben „er" entsteht, ersetze ich im Zweifelsfall durch ein á mit Akzent.

á	er (unbetont)
aach, aa, ach	auch, *aa* ist die Kurzform, unbetont auch *ach* mit kurzem a
aanbaubse [er baubsd aan]	anschnauzen
aarisch	arg, sehr (nicht zu verwechseln mit dem Unwort „arisch")
allegare	alle (*gar/gare* verstärkt das Wort; vgl. gar nicht)
babbisch	klebrig
badzisch	patzig, ungezogen barsch
baufdisch	pardauz
betubbe [er betubbd]	betrügen, hereinlegen
dimmele [es dimmeld]	donnern
dischbediere	disputieren
dòòdeweje, dòòdezu, dòòdraus, dòòdruff	deswegen, dazu, daraus, darauf (vorangestelltes "dòò" ist Träger der Betonung)
e	ein, eine (unbetont)
es	es, das (unbetont; betonte Form wäre "*ääs*" für es); auch für weibliche Personen, soweit keine Respektsperson
Fregge, (ums) Fregge (nidd)	ums Verrecken nicht (beschreibt eine unbedingte Verweigerung)

gehäämeld	liebkost (vgl. heimelig, anheimelnd)
gell	gell, gelt (im deutschen Sprachraum weit verbreitetes Bekräftigungswort, oft auch in halb fragendem Tonfall)
gemäänerhand	gemeinerhand, im Allgemeinen
getuddeld	gestammelt, gestottert
gradselääds	nun gerade!!! (eigentlich: gerade zuleide)
Hissje (es)	Gerichtsvollzieher (von frz. *Huissier*)
hubse [er hubsd]	hopsen, hüpfen, springen
Jubbe	Jacke, Joppe
käm'meh	kein(e) mehr (kann im Unterschied zur hochdeutschen Form ungetrennt verwandt werden, z.B.: *käm'meh Geld*, also "kein mehr Geld" statt "kein Geld mehr")
knaadschisch	knatschig, verdrossen, missgelaunt, depressiv
krääsche [er krääschd]	kreischen, schreien, brüllen
kreischd	eigtl. kreischen, aber vorwiegend gebraucht für "weinen"
lädisch	antriebsarm, verdrossen, missgelaunt, depressiv
Leesung	Lösung (nicht verwechseln mit Lesung)
liije [er liid]	lügen

maisjestill	mäuschenstill; gibt es auch mit vorangestelltem "*mucks*"
Muffkäbbsche	Muffköpfchen, übellaunige Person
muggelisch	letzte Stufe vor vollschlank
ná	na, aber auch ihr (z.B. *misse ná* = müsst ihr)
Nixelsche	ein Nichts „*e silwernes Nixelsche unn e goldenes Waadeweil sche*", also „ein silbernes Nichtselchen und ein goldenes Warteinweilchen", darf man sich wünschen.
Pals	Pfalz
Pänns (Mz.)	Schlingel, Schlawiner
pischbere [er pischberd]	flüstern
PK	in den 1970er Jahren aufgegebener Name des Kaufhofs in Saarbrücken, im Volksmund noch im Gebrauch
pladdere, pladsche [es pladderd / pladschd]	heftiges Regnen, es klatscht auf Boden Dach und Fenster
preisisch	preußisch
Sauboll	Saubolle, Schöpfkelle für Schweinefutter
Schäfsche(r)	Schäfchen (Ez., Mz.), ironische Bezeichnung für das Kirchenvolk
schnäägisch	wählerisch
Schniss	Schnute, Mund

sellemòòls	damals
simmeliere	eigtl. *simulieren*; mundartlich verwandt im Sinne von grübeln, nachdenken
Sohnes (der)	Beim Bekreuzigen gehören zum tiefsten Punkt die Worte "und des Sohnes". Ein bis zu diesem Punkt ausgeschnittenes Kleidungsstück verschiebt die Grenze des Dekolletés sehr weit nach unten.
tabbe [er tabbd]	stapfen, trotten, treten, flapsig für gehen
Urrwese	Speisereste, die man eigentlich nicht übrig lassen sollte

Ebenfalls in der Edition MundART erschienen:

ISBN 978-3-942767-01-9    ISBN 978-3-942767-02-6    ISBN 978-3-942767-03-3

Vierbändige Anthologie mit Beiträgen von **Peter Eckert**, Wadgassen-Differten - **Helga Schneider**, Kaiserslautern - **Heinrich Kraus**, Bruchmühlbach-Miesau - **Johannes Kühn**, Tholey-Hasborn u.v.a.

ISBN 978-3-942767-04-0

„Die Autorinnen und Autoren (...) belegen mit ihren Lyrik- und Prosatexten überzeugend, was moderne Mundart alles zu bieten hat."
(Wochenspiegelonline)

„Mundart mal ganz anders..."
(Saarbrücker Zeitung)

„Das Themenspektrum...reicht vom Intim-Privaten bis zum weltweit Politischen, vom Ernsten zum Heiteren. Aber immer anspruchsvoll, immer mit Nachhall, nicht einfach nur effekthaschend."
(Literaturzeitschrift Paraple)

»MundART ist unsere Leidenschaft«

Kelkel-Verlag
66763 Dillingen/Saar
www.kelkel-verlag.de